Essen für die Seele

Die Autorin dankt ihrer Familie und ihren
»kochseelenverwandten« Freunden.

Unser Verlagsprogramm finden Sie unter www.christian-verlag.de

Produktmanagement: Annika Genning
Textredaktion und Korrektur: Petra Tröger
Layout und Satz: Bernd Walcher, www.grafikdesign-walcher.de
Umschlaggestaltung: Bernd Walcher unter Verwendung von drei Illustrationen:
(www.fotolia.com/ultramarin; www.fotolia.com/blinkblink)
Repro: Repro Ludwig, Zell am See
Herstellung: Bettina Schippel

Texte und Rezepte: Ulrike Frot

Gesamtherstellung Verlagshaus GeraNova Bruckmann GmbH

Alle Angaben in diesem Werk wurden von der Autorin
sorgfältig recherchiert und auf den aktuellen Stand gebracht
sowie vom Verlag geprüft. Für die Richtigkeit der Angaben
kann jedoch keinerlei Haftung übernommen werden.
Für Hinweise und Anregungen sind wir jederzeit dankbar.
Bitte richten Sie diese an:

Christian Verlag
Postfach 400209
80702 München
E-Mail: lektorat@verlagshaus.de

Die Deutsche Nationalbibliothek verzeichnet diese Publikation in
der Deutschen Nationalbibliografie; detaillierte bibliografische Daten
sind im Internet über http://dnb.d-nb.de abrufbar.
© 2013 Christian Verlag GmbH, München
Alle Rechte vorbehalten.
ISBN 978-3-86244-497-7

INHALTSVERZEICHNIS

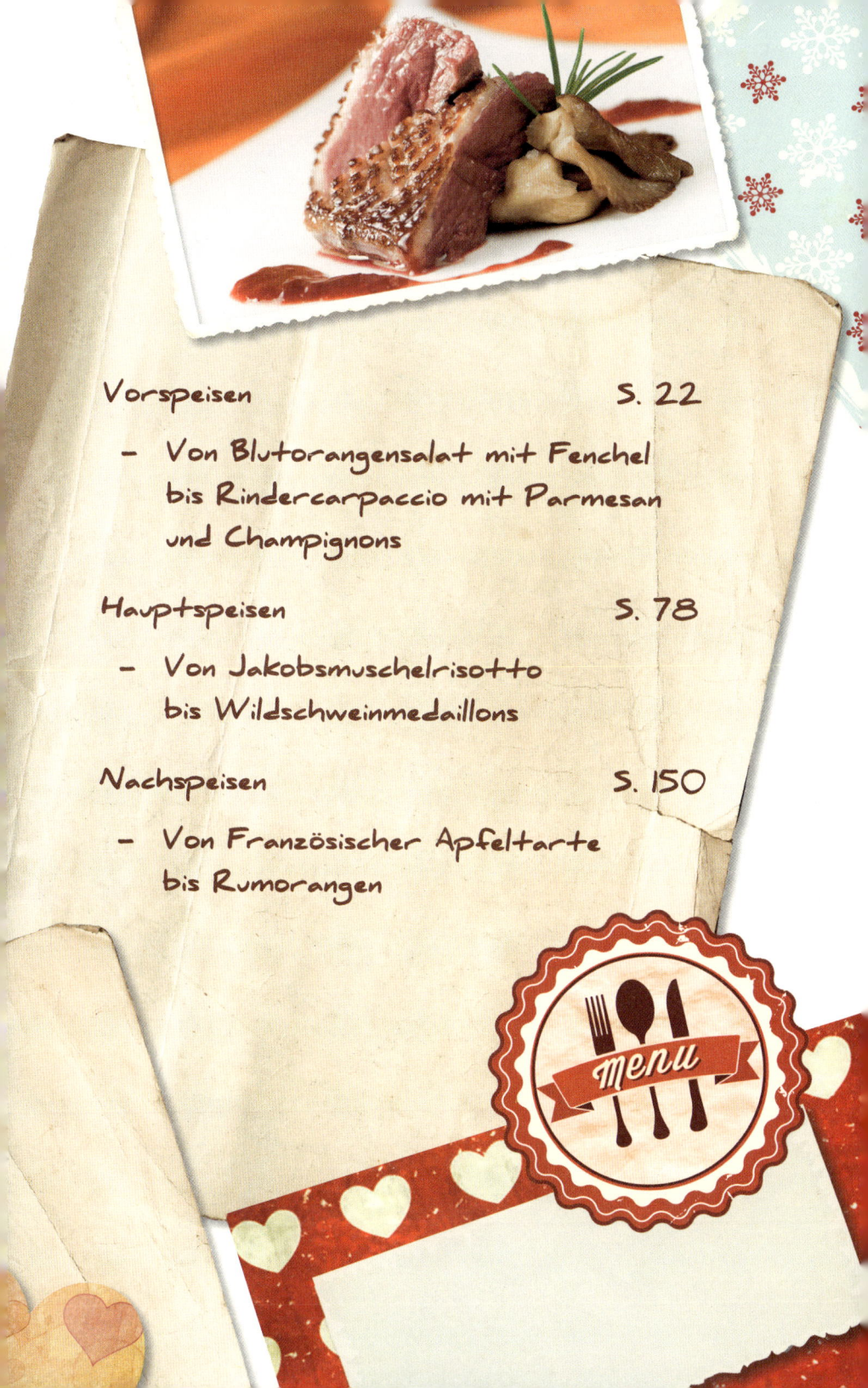

menu

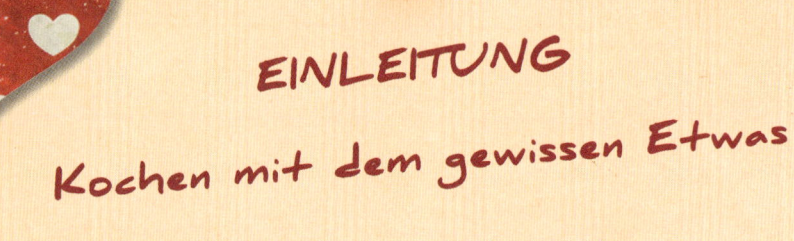

EINLEITUNG

Kochen mit dem gewissen Etwas

Sind Sie auch ein »Seelenkoch«? Als solcher kennen Sie sich und Ihre eigenen Befindlichkeiten sehr gut. Sie haben ein untrügliches Gespür dafür, wenn sich Unmut zusammenbraut und Unzufriedenheit bemerkbar machen. Oder wenn einfach der Chef nervt. Das Wetter mies ist. Und Sie haben auch feine Antennen dafür, wenn es anderen mal nicht so gut geht oder ein Problem gelöst werden muss.

Anstatt sich jedoch mit Fernsehen, Erdnüssen und Chips abzulenken, wissen Sie, dass die bessere Alternative

darin besteht, es sich und anderen bei einem feinen Essen einfach gut gehen zu lassen. Oft ist schon der Weg das Ziel: bei der sorgfältigen Auswahl des Menüs, beim gemütlichen Über-den-Markt-Schlendern, (gemeinsamem) Schnippeln und Probieren in der Küche, dem Genuss des Weines ... Und schon schwebt über allem ein Lächeln.

Viel Vergnügen beim Ausprobieren der Rezepte und dem gemeinsamen Genießen mit Freunden!

Ulrike Frot

GUT ZU WISSEN

(Koch-)Tipps und Tricks, wie die Welt wieder besser aussieht

REZEPTE, WENN DIE WELT MAL WIEDER UNGERECHT WAR ...

Seele

DER EINKAUF

Abends auf den Markt

Haben Sie schon morgens das Gefühl, mit dem falschen Fuß aufgestanden zu sein? Und dann streikt die Kaffeemaschine, der Bus war zu früh – oder Sie zu spät – und das Meeting wurde einfach locker-flockig eine halbe Stunde vorverlegt? Dann sollten Sie sich für den Abend dieses grausigen Tages gleich ein Essen für die Seele einplanen.

Wenn der Feierabend dann kommt, nehmen Sie sich die Zeit und schlendern Sie über den Markt Ihres Viertels. Sie genießen einfach die kunstvoll arrangierten bunten Obst- und Gemüsestände, nehmen ein paar Probierhäppchen hier und da mit, erfreuen sich am Duft frischer Kräuter ... Dann noch ein Glas prickelnder Prosecco und schon sieht die Welt viel besser aus. So eingestimmt, stellt sich die Vorfreude auf einen gelungenen Abend spätestens dann ein, wenn hingebungsvoll geschält, geschnippelt, gerührt und zwischendurch natürlich probiert wird.

Erwarten Sie noch Gäste, so decken Sie den Tisch früh-
zeitig – im Feierabend soll es keine Stress-Peaks mehr
geben. Kurz vor Eintreffen der Gäste noch die passende
Musik auswählen und die Kerzen anzünden. Aber auch
wenn Sie allein sind, gönnen Sie sich diese Auszeit:
ganz für sich sein und Ihre Seelenküche genießen!

Köstliche Menüs

Auch ein 3-Gänge-Menü ist für den genussfreudigen Seelenkoch kein Problem. Am wichtigsten dafür ist ein ausgeklügelter Masterplan. Muntermacher und Trostpflaster in Form von Sahne und Schokolade sollten Sie immer vorrätig für schlechte Tage haben, und mindestens eine Sorte Obst und Gemüse liegen sowieso jeweils im Tiefkühlfach. Schon »steht« die Speisenfolge.

Um schnell arbeiten zu können, sollte die Küche genügend Platz bieten und Küchengeräte nicht die Arbeitsplatte vollstellen. So sind drei Gänge wie etwa Erbsenschaumsüppchen (Stunden vorher zubereitet), als Dessert Himbeer-Tiramisu (aus TK-Himbeeren, am Vortag gemacht) im Nu zu zaubern. Für den Hauptgang braucht es dann etwas Zeit »live« in der Küche, es sei denn, es gibt Gratin dauphinois mit Kalbsfilet, die beide gleichzeitig im Backofen auf ihren großen Auftritt warten. Nur für die Sauce müssen ein paar Minuten eingeplant werden.

Eine ganz große Freude machen Sie Ihren Gästen (und am wenigsten Arbeit sich selbst), wenn Sie zu einer exquisiten Käseplatte mit vielen verschiedenen Sorten (Minimum hierbei zwei Weichkäse, drei Hartkäse) laden. Mit Weintrauben, dazu Baguette und köstlicher Feigensenf, und gleichzeitiger Weinprobe wird das ein denkwürdiger Abend! Kredenzen Sie dann entweder einen Jahrgang verschiedener Weingüter aus einem (z. B. Loire-) Tal (»horizontale« Verköstigung) oder Weine verschiedener Jahrgänge eines ganz bestimmten Weingutes (»vertikale« Degustation).

Süßes zum Schluss

Nicht nur die Wissenschaft weiß, dass der Genuss von Schokolade Glücks- und Hochgefühle erzeugen kann. Aus diesem Grund sollten Sie immer einen gewissen Vorrat an hochwertiger (»Koch-«)Schokolade im Schrank haben: zum dekorativen Raspeln über das Früchtedessert, zur finalen Dekoration eines Tellers, zubereitet als heiße Sauce über einer leichten Nachspeise, als Zutat für eine echte (!) heiße Schokolade oder als schnellen Tröster für zwischendurch. Die Qualitätsunterschiede sind sehr groß, aber generell stimmt die Aussage, dass sich der Geschmack mit ansteigendem Kakaoanteil verbessert.

Seit einigen Jahren gibt es auch »exotische« Sorten im Angebot, mit verschiedenen Gewürzen angereichert. Sobald Sie sehr dunkle Schokolade in Desserts verarbeiten und nicht mit der leichter schmelzenden Kuvertüre arbeiten möchten, sollten Sie sich auf eine erhöhte Butterzufuhr einstellen. Es lohnt sich!

Der Geschmack eines Gerichtes hängt im Wesent lichen von der Qualität der einzelnen Zutaten ab. Der Königsweg für den Seelenkoch: Wenn teure Produkte auf der Wunschliste stehen, dann diese lieber sel-

tener kaufen, aber nie an der Qualität sparen. Saisonales, regional angebautes Gemüse und Obst einzukaufen ist nicht nur im Sinne der Nachhaltigkeit, sondern wird auch Ihren Genuss steigern. Das hat ebenfalls seine Richtigkeit für die Qualität der Saucen: Wird am Tisch ein erstklassiger Tropfen aus dem Bordelais kredenzt und die Sauce für das Kalbsfilet aus einer Flasche süßem Billigwein angegossen, so wird die Seele »jammern«. Selbstverständlich muss es nicht der (teure) Wein sein, der zum Essen getrunken wird, aber aus der gleichen Gegend, zu einem annehmbaren Preis-Leistungs-Verhältnis, sollte er schon sein.

Praktische Helfer

Das Auge isst bekanntlich mit und so ist das bisschen mehr Mühe im Detail sehr gut angelegt. Sehr hilfreich ist dabei ein relativ preiswerter Julienne-Schneider, mit dem Gemüse in hauchfeine Streifchen zerfallen. Die sind blitzschnell in der Pfanne gar. Außerdem passen Julienne immer: als Suppeneinlage, Beilagen, Dekorationen und filigrane Rohkostsalate.

Ihre Pfannen sollten solide und schwer sein, wenn möglich aus Kupfer, Edelstahl oder Gusseisen, mit passendem Deckel. Der ambitionierte Hobbykoch investiert auch in handgeschmiedete Messer von hervorragender Qualität (wobei es nicht die japanischen Modelle mit Preisen von bis zu über 1000 Euro pro Stück sein müssen), die selbstverständlich nicht in der Geschirrspülmaschine landen. Die beliebten, immerscharfen Keramikmesser sind allerdings mit Vorsicht zu genießen, da sie zerbrechen, wenn sie auf dem gefliesten Küchenboden landen.

Ganz wichtig ist der Stabmixer, mit dem Süppchen im Nu püriert und aufgeschäumt werden. Für Gewürzmischungen kommt der klassische Mörser zum Einsatz. Beim genussvollen Zermörsern lässt sich dann auch der schiefgegangene Tag hingebungsvoll »verarbeiten«. Für ganz feine Konsistenzen passiert man Flüssigkeiten schließlich durch ein sehr feinmaschiges Metall-(Spitz-)sieb.

Last but not least sollte eine leistungsstarke Pfeffermühle mit verstellbarem Mahlwerk für die ganzen Körner im Haushalt zu finden sein. Für Käsesoufflé benötigen Sie eine hohe, feuerfeste Souffléform (möglichst aus Glas). Eine feuerfeste Auflaufform kann man nicht nur für Gratin einsetzen, sondern auch für gemischte Salatkreationen und Gemüse. Für die Käseterrine auf Seite 56 bietet sich eine Terrine aus Steingut an.

Geschmackvolle Details

Viele Spitzenköche empfehlen Meersalzflocken (Fleur de sel oder »Salt Flakes«) und würzen ausschließlich damit. Gewürzsalze haben eine lange Tradition und man kann sie leicht selbst herstellen, z. B. mit getrocknetem Sellerie, Zwiebeln, Knoblauch ... probieren Sie einfach mal etwas aus!

Auch Zesten (mit dem Sparschäler oder einem Zestenreißer gerissen) von unbehandelten Zitrusfrüchten eignen sich gut zum Aromatisieren. Schwarzer Pfeffer ist übrigens dem weißen vorzuziehen (außer bei Fischgerichten), da er wesentlich mehr Aroma hat, das durch seine ätherischen Öle freigesetzt wird. Cayennepfeffer (gemahlene Chilischoten) und Pimento (Paprikapulver) sind sehr scharf und daher nicht für alle Speisen geeignet. Getrocknete Kräuter (etwa Kräuter der Provence) haben oft ein stärkeres Aroma als die frische Variante. Weil sich das Aroma während des Schmorens leicht verflüchtigt, gibt man am besten nur die Hälfte der angegebenen Menge von Anfang an zum Gericht, die zweite Hälfte gegen Ende der Garzeit. Wer keinen Oregano oder Majoran im Haus hat, kann diese leicht ersetzen durch etwas Thymian. Getrocknete Morcheln haben einen intensiveren Geschmack als die frischen und können lange in einem Glas aufbewahrt werden.

Eine Sauce zuzubereiten, für die zum Schluss genüss-
lich das Baguette auf dem Tellerboden kreist, ist keine
große Kunst. Die fertig gekauften Fonds im Glas sind
eine gute Basis. Manche kleinen Privatkochclubs und
befreundete Hobbyköche teilen sich die Arbeit: Jeder
fertigt einen anderen Fond in großer Menge an: Wild,
Fleisch, Fisch, ... Als Belohnung wird ein gemein-
sames Abendessen veranstaltet und jeder Teilnehmer
bekommt von den anderen ein paar Gläser ihrer wert-
vollen Fonds. Auf der Basis dieser gekauften oder
selbst gemachten Fonds lässt sich mit Madeira, Sherry,
Cognac oder trockenem Wermut (für Fischgerichte) eine
wunderbare Sauce aufbauen (»montieren« in der Fach-
sprache), bevor mit Sahne (besser: Crème double oder
Crème fraîche) abgerundet wird.

Es gilt ansonsten die einfache Regel: Einkochen, einkochen, bevor nachgegossen wird! Suppen oder Saucen
sollten mit Gemüse- oder Stärkebindungen gebunden
werden. (Instant-)Gemüsebrühen gibt es mittlerweile
ohne Zusatzstoffe und Geschmacksverstärker bzw. ohne
Allergien auslösende Zutaten.

Zwiebeln sind ein wichtiger Bestandteil in der Saucen-
herstellung. Es gibt etliche Sorten, jedoch schmecken
die kleineren Schalotten, von denen man eben eine
größere Menge einplanen muss, würzig und trotzdem
milder als die scharfen braunen Zwiebeln (die daher für
Kartoffelsalat oder Frikadellen beispielsweise vorher
glasig und gleichzeitig milder und weicher ange-
schwitzt werden müssen). In keinem Fall sollte man
einen elektrischen Blitzhacker verwenden, da darin die
Zwiebeln zerquetscht und dadurch bitter werden.

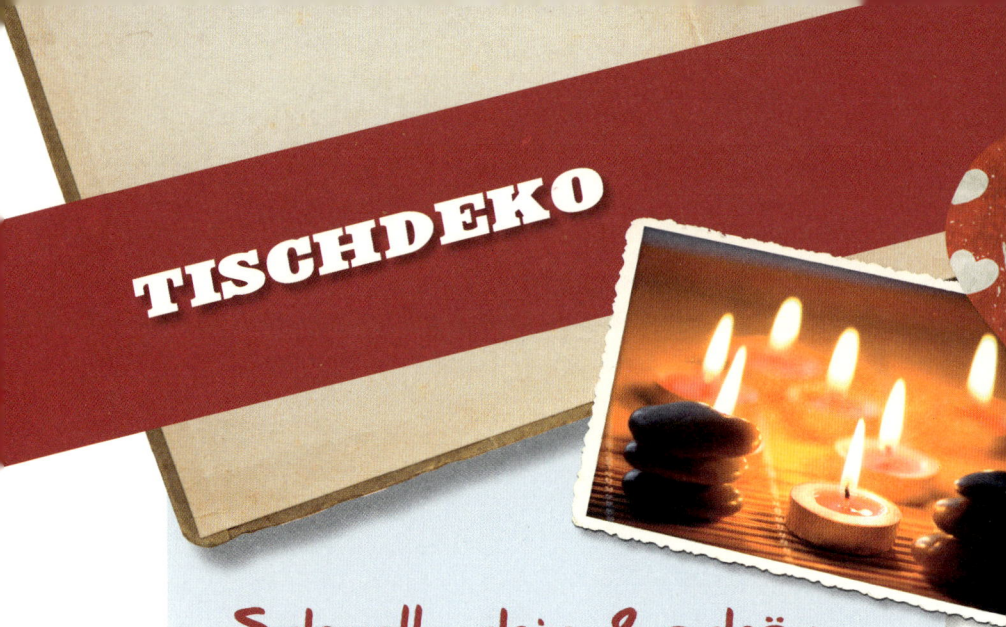

Schnell, chic & schön

Wenn das Essen für die Seele den verkorksten Tag
retten muss, sollte auch die Tischdeko nicht zu kurz
kommen. Schließlich fühlt man sich in einem
ausgewogenen, durchdachten Ambiente gleich viel
wohler.

Für eher elegante Abende sind die alten, weißen Lei-
nenservietten aus Omas Wäscheschrank wieder »in«
und werden im Frühjahr zusammen mit einem Kräu-
ter-(z. B. Rosmarin) bzw. Apfelblütenzweigchen in
silberne Serviettenringe (entweder wirklich von Oma
oder vom Flohmarkt) gesteckt.

Die besten Zutaten finden Sie das ganze Jahr über in
der freien Natur: etwa Efeu, schön mit Beerenzwei-
gen, einem großen Zweig gelber Forsythien oder
einem rosafarbenen Kirschblütenzweig kombiniert.
Wer es fröhlich mag, schneidet sich großzügige
Sträuße von Sonnenblumen vom Feld und verteilt sie
in großen Vasen. Verblühte Hortensien können relativ
kurz abgeschnitten und getrocknet werden, dann
gold- oder silberfarben einsprühen.

Im Winter kommen kleine rote Beerenzweige zum Einsatz. Im Herbst bieten sich als Tischdekoration die kleinen Zierkürbisse an. Außerdem spielen natürlich Kastanien und große, bunt gefärbte Laubblätter eine Rolle, die, zusammen mit kleinen Teelichter eine schöne Stimmung auf dem Tisch verbreiten. Im Winter und der Weihnachtszeit schmücken Spiegelbeeren in der gleichen Farbe wie die Christbaumdekoration und auf Hochglanz polierte rote Äpfel den Tisch.

Im Dekorationshaus oder Stoffgeschäft finden sich oft für wenig Geld Reststoffe (oder Muster), die gut zu Tischdecken umfunktioniert werden können und die besonders dann sehr dekorativ aussehen, wenn sie hauchdünn sind und leicht gerafft anstatt glatt gezogen und platt auf dem Tisch liegen. Ein wunderschön stimmungsvoller Tisch ergibt sich auch aus einem Sari-Stoff, den man auch anderweitig verwenden kann.

Auch Küchenutensilien finden ihren Weg auf den Tisch: Die rechteckige, weiße Auflaufform wird mit Wasser, Teelichtern und Blüten gefüllt auf die Mitte des Tisches platziert, Jakobsmuschelschalen können dekorativ auf dem Tisch verteilt werden, und die Terrine aus Steingut wird in der Weihnachtszeit mit Moos, Zweigen und einigen eleganten, dünnen Kerzchen geschmückt.

Vor

REZEPTE, WENN DIE WELT MAL WIEDER UNGERECHT WAR ...

speisen

menu

Rezept für 4 Personen
15 Minuten Arbeit

Blutorangensalat mit Fenchel

Den Saft von zwei Orangen auffangen und beiseitestellen. Die übrigen Orangen schälen und die weiße Haut sorgfältig entfernen. Danach die Orangen quer in etwa 0,5 cm dicke Scheiben schneiden und gleichmäßig auf den Tellern verteilen.

Den Fenchel putzen, die harten äußeren Teile wegschneiden, den Strunk entfernen und das Fenchelgrün beiseite legen. Die zarten Teile des Fenchels in kleine Würfel schneiden. Die Zwiebel schälen und ebenfalls in kleine Würfel schneiden. Den Rosmarin sehr fein hacken.

Den Orangensaft mit dem Weißweinessig, Rosmarin und Olivenöl verrühren, dann den Fenchel und die Zwiebel dazugeben. Mit Salz und Pfeffer abschmecken und die Marinade über die Blutorangenscheiben geben. Mit Fenchelgrün garnieren.

Nach Geschmack jeden Teller mit zwei in kleine Scheiben geschnittenen schwarzen Oliven garnieren.

Tipp: Schmeckt auch Fenchel-Nichtliebhabern!

5	Blutorangen
1	Fenchelknolle
1	kleine weiße Zwiebel
1 TL	Rosmarin
1 EL	Weißweinessig
5 EL	Olivenöl
	Salz
	frisch gemahlener
	schwarzer Pfeffer
	(schwarze Oliven)

fresh

Honigmelone mit Parmaschinken

Die Honigmelone vierteln und die Kerne entfernen. Das Fruchtfleisch längs in feine Spalten schneiden und auf großen Tellern anrichten.

Den Parmaschinken gleichmäßig und dekorativ auf den Melonenspalten verteilen.

1 reife Honigmelone
12 Scheiben Parmaschinken

easy

VITELLO TONNATO

500 g	Kalbfleisch (aus der Keule)
1 Bund	Suppengrün
1	Knoblauchzehe, geschält
1	Lorbeerblatt
1 l	Hühnerbrühe (Instant)
250 ml	trockener Weißwein
einige	Stängel glatte Petersilie

Rezept für 4 Personen
30 Minuten Arbeit
plus ca. 8 Stunden
Koch- und Ruhezeit

Für die Sauce:

1	Eigelb
200 g	Thunfisch (Dose, naturell)
4	Sardellenfilets
3 EL	Kapern
2 EL	Öl
100 g	Sahne
1	unbehandelte Zitrone
	Salz
	Cayennepfeffer

1 Das Fleisch abspülen und das Suppengrün putzen und in Würfel schneiden. Das Gemüse mit dem Fleisch, der geschälten Knoblauchzehe und dem Lorbeerblatt in der Hühnerbrühe aufkochen und mindestens 1 1/2 Stunden köcheln lassen. Den Weißwein und die klein gehackte Petersilie dazugeben. Den Topf vom Herd nehmen und das Fleisch in der Brühe etwa 6 Stunden oder über Nacht erkalten lassen.

2 Für die Sauce das Eigelb, den abgetropften und zerpflückten Thunfisch, die Sardellen und 2 EL Kapern mit dem Pürierstab pürieren, tröpfchenweise das Öl einrühren und 6 EL von der Brühe dazugießen. Die Sahne halbsteif schlagen und mit dem Saft von 1/2 halben Zitrone unter die Sauce ziehen. Mit Salz und Cayennepfeffer abschmecken.

3 Das kalte Kalbfleisch in dünne Scheiben schneiden und auf Tellern anrichten. Die Sauce gleichmäßig darübergießen und mit den restlichen Kapern und Zitronenscheiben garnieren.

Tipp: Probieren Sie das Rezept auch mit Hühnerbrust oder Kaninchenrücken.

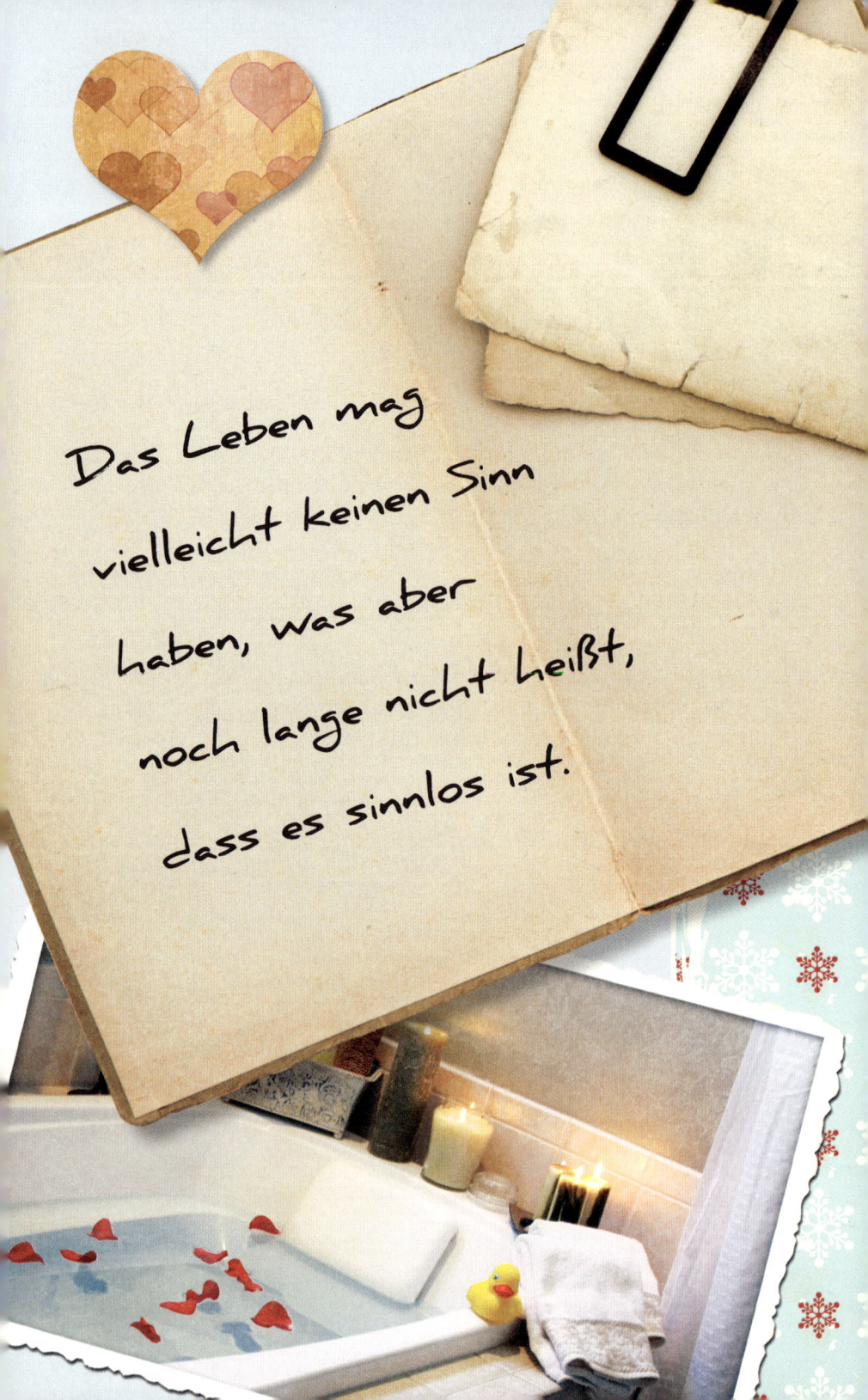

Das Leben mag

vielleicht keinen Sinn

haben, was aber

noch lange nicht heißt,

dass es sinnlos ist.

JAKOBSMUSCHELN
mit Gemüse-Julienne

20 g	Butter
2	Schalotten
5 cl	trockener Wermut
5 cl	Madeira
20	Jakobsmuscheln
	(küchenfertig)
	Pfeffer, Salz
250 ml	Crème double
100 g	eiskalte Butter

Rezept für 4 Personen
25 Minuten Arbeit

Für die Gemüsestreifen:

	das Weiße von 1 Lauchstange
1	Karotte
1/2	Knolle Sellerie
100 g	Egerlinge
20 g	Butter

1 Das Gemüse in sehr feine Streifen und die Egerlinge in Scheiben schneiden. Alles in einer Pfanne bei niedriger Temperatur etwa 3 Minuten in Butter anbraten, jedoch keine Farbe nehmen lassen.

2 In einem anderen Topf die Schalotten in Butter anschwitzen, mit Wermut und Madeira ablöschen, sogleich die Jakobsmuscheln einlegen, pfeffern und salzen. Beim ersten Aufkochen den Topf vom Herd nehmen, Deckel auflegen und die Muscheln 5 Minuten ziehen lassen. Herausheben und auf Tellern im Ofen warm halten.

3 Die Crème double in den Muschelfond geben, verrühren und um die Hälfte einkochen lassen. Vom Herd nehmen und die eiskalte Butter in kleinen Stückchen nach und nach einrühren. Die Gemüsestreifen zugeben und die Sauce abschmecken. Nochmals aufwallen lassen und dann sofort über die Jakobsmuscheln geben und servieren.

4 Tipp: Wenn die Sauce nicht genügend eindickt, etwas Speisestärke in kaltem Wasser verrühren und damit binden. Beim Fischhändler auch um die Muschelschalen bitten, die man als dekoratives Extra für andere kleine Vorspeisen benutzen kann, zum Beispiel Garnelencocktail (siehe Seite 34).

GARNELEN COCKTAIL

150 g	Joghurt
2 EL	Mayonnaise
	Cayennepfeffer
2 EL	Ketchup
1 EL	frisch gepresste Orange
1	Spritzer Worcestersauce
1	Spritzer Essig
200 g	Tiefseegarnelen
	(ohne Schale, TK
	oder Kühlregal)
	frische Kräuter zum Garnieren

Für die Mayonnaise: (Vorratsration,
innerhalb von 2 Tagen zu verbrauchen)

2	Eigelb
	Salz, Pfeffer
1 Prise	Zucker
1 EL	Essig oder Zitronensaft
1 EL	Senf
250 ml	Öl

Rezept für 4 Personen
fertig in 10 Minuten
(selbst gemachte Mayonnaise:
10 Minuten)

1 Den Joghurt und alle anderen Zutaten vermischen und das Garnelenfleisch dazugeben.

2 In kleinen Schalen anrichten und z. B. mit Dillspitzen, Petersilie oder Kapuzinerkresseblüten garnieren.

Tipp: Mit einem Schuss Sherry verfeinern

Mayonnaise:

3 Damit selbst gemachte Mayonnaise nicht gerinnt, müssen alle Zutaten die gleiche Temperatur haben, dazu Eier und Senf eine Stunde vorher aus dem Kühlschrank holen.

4 Eigelb, Salz, Pfeffer, Zucker, Essig (Zitronensaft) und Senf miteinander verrühren. Unter ständigem Schlagen das Öl tropfenweise zugeben. Wenn mehr als die Hälfte des Öls eingearbeitet ist, kann der Rest in einem Strahl dazugegeben werden.

Flusskrebse
in
Curry-Cognac-Sauce

500 g   Flusskrebsfleisch

200 g   Mayonnaise

           Curry

1 Schuss   Cognac

           Salz

           frisch gemahlener Pfeffer

Rezept für 4 Personen
10 Minuten Arbeit

1 Das Krebsfleisch kurz abspülen, abtropfen lassen.

2 Die Mayonnaise mit viel Curry vermischen, salzen, pfeffern und einen kleinen Schuss Cognac dazugeben, verrühren.

3 Das Flusskrebsfleisch dazugeben und in kleinen Schalen oder Stielgläsern servieren.

Tipp: Rezept für eine selbst gemachte Mayonnaise siehe Seite 34.

Gebratene Riesengarnelen

800 g	Riesengarnelen (frisch oder TK)
3	große Knoblauchzehen
2	Chilischoten
6 EL	Olivenöl
	Salz
	frisch gemahlener Pfeffer
einige	Stängel glatte Petersilie, fein gehackt

Rezept für 6 Personen
15 Minuten Arbeit

1 Die Riesengarnelen schälen, mit einem spitzen Messer am Rücken einschneiden und den dunklen Darm entfernen. Die Garnelen längs halbieren. Bei bereits geputzter TK-Ware nach dem Auftauen gründlich waschen und sorgfältig mit Küchenpapier abtupfen.

2 Den Knoblauch schälen, in Scheiben schneiden oder durch die Knoblauchpresse geben. Die Chilischoten der Länge nach aufschneiden und entkernen, dann in kleine Stücke schneiden.

3 Das Öl in einer Pfanne sehr heiß werden lassen und alles unter häufigem Wenden 2–3 Minuten braten. Der Saft der Garnelen soll sich mit dem Öl verbinden.

4 Mit Salz und Pfeffer abschmecken und vor dem Servieren mit der Petersilie bestreuen.

Dazu Baguette reichen.

Lachs-carpaccio

Das Lachsfilet waschen, trocken tupfen und in Klarsichtfolie für 30 Minuten ins Gefrierfach legen.

Anschließend das angefrorene Filet mit einem scharfen Messer (oder Lachsmesser) in hauchdünne Scheiben schneiden, nebeneinander auf Klarsichtfolie legen, mit Folie abdecken und mit einem flachen Holzbrett oder Messer flach drücken.

Vorsichtig aus der Folie nehmen und auf einem großen Teller anrichten, leicht salzen und pfeffern.

Fünf große Basilikumblätter sehr fein schneiden und mit dem Saft der Zitrone und dem Olivenöl verrühren. Das aromatisierte Öl auf das Lachscarpaccio träufeln.

Tipp: Mit Rucola, einigen Tropfen Olivenöl und frisch geriebenem Parmesan servieren.

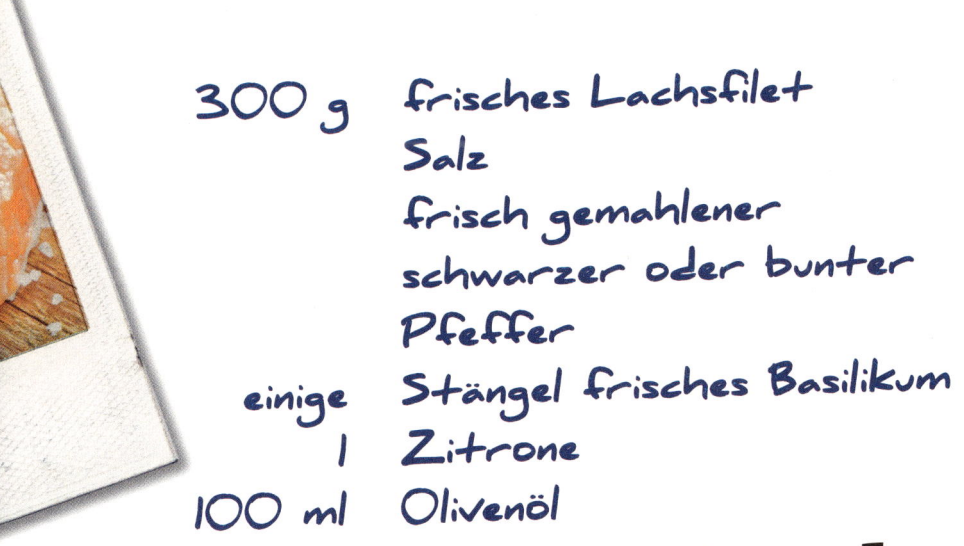

300 g	frisches Lachsfilet
	Salz
	frisch gemahlener
	schwarzer oder bunter
	Pfeffer
einige	Stängel frisches Basilikum
1	Zitrone
100 ml	Olivenöl

quick

Chicorée
mit Walnüssen und Parmesanplätzchen

Für das Dressing:

1 EL grobkörniger Senf

2 EL Weißweinessig

3 EL Olivenöl

Salz

frisch gemahlener

schwarzer Pfeffer

150 g Parmesan

50 g Walnusskerne

4 Stauden Chicorée

200 g blaue Weintrauben

Rezept für 4 Personen

20 Minuten Arbeit

1 Für das Dressing Senf mit Essig und Olivenöl gut verrühren, salzen und pfeffern und beiseitestellen.

2 Den Käse grob reiben und mithilfe eines Esslöffels in Häufchen auf einem mit Backpapier ausgelegten Backblech verteilen. Zwischen den Plätzchen einige Zentimeter Platz lassen, da sie im Ofen zerlaufen. Die Plätzchen etwa 10 Minuten backen, bis sie zu schmelzen beginnen und leicht bräunlich werden.

3 Die Walnüsse in einer beschichteten Pfanne ohne Fett bei mittlerer Temperatur kurz anrösten.

4 Den Chicorée waschen und putzen, abtropfen lassen und auf Teller verteilen. Das Dressing darüberträufeln und die Weintrauben, gerösteten Walnüsse und Parmesanplätzchen darüber verteilen.

Dazu Baguette reichen.

Tipp: Die Parmesanplätzchen passen auch hervorragend zu anderen Blattsalaten oder als Häppchen zum Aperitif.

Wenn das Glück
dich verlässt,
geh einfach mit!

Rezept für 4 Personen
15 Minuten Arbeit

Feinschmecker-salat

Die Wachteleier anpiksen und in kochendem Salzwasser 4 Minuten kochen. Dann die Eier kalt abschrecken, schälen und halbieren.

Die Keniabohnen waschen und in kochendem Salzwasser bissfest kochen, abschrecken. Die Cocktailtomaten halbieren. Den Salat gründlich waschen und mit den Händen in mundgerechte Stücke zupfen. Salat, Tomaten und Bohnen großzügig auf Tellern anrichten.

Alle Zutaten für die Vinaigrette vermischen und über den Salat geben. Zuletzt jeweils eine Scheibe Gänseleberterrine drauflegen.

Dazu Baguette reichen.

Tipp: Statt Gänseleberterrine passt auch Bündner Fleisch, grüner Spargel, warme Hühnerleber oder Speckwürfel.

8	Wachteleier
100 g	Keniabohnen
8	Cocktailtomaten
	Salatmischung nach Geschmack
4	Scheiben Gänseleberterrine

Für die Vinaigrette:

4 EL	Olivenöl
2 EL	Rotweinessig
1 TL	Senf
	Salz
	frisch gemahlener Pfeffer

49

Salat
mit überbackenem Ziegenkäse

150 g   Pflücksalat
1 Bund   Rucola
8   Cocktailtomaten

Für das Dressing:
4 EL   Rotweinessig
4 EL   Olivenöl
(frisch gehackte Kräuter)
Salz
frisch gemahlener Pfeffer
4   Scheiben Ziegenkäse
(Ziegenrolle oder
Crottins de Chavignol)
4   Scheiben Baguette, getoastet

Rezept für 4 Personen
20 Minuten Arbeit

1 Den Backofen auf 180 °C vorheizen.

2 Die Tomaten waschen und halbieren, den Pflücksalat und Rucola ebenfalls waschen und trocken schleudern.

3 Auf Tellern den Salat und die Tomaten anrichten, Dressing vorbereiten und darübergeben.

4 Die Ziegenkäsescheiben bzw. Crottins de Chavignol auf Alufolie in den vorgeheizten Ofen geben. Die Baguettescheiben toasten oder ebenfalls in den Backofen geben. Sobald der Käse bräunt und zerläuft, herausnehmen und in die Mitte des Salattellers auf die getoasteten Baguettescheiben setzen.

FELDSALAT
mit warmen Pilzen und Parmesan

1	Handvoll Feldsalat
1	Handvoll Friséesalat
200 g	Steinpilze, Champignons oder Egerlinge
10 g	Butter
	Salz, Pfeffer
	Parmesan
	(Petersilie, gehackt)

*Rezept für 4 Personen
15 Minuten Arbeit*

Für die Vinaigrette:

1	Schalotte, fein gehackt
1 EL	Zitronensaft
2 EL	Sherryessig
2 EL	Walnussöl
2 EL	Olivenöl
	Salz
	frisch gemahlener Pfeffer

1 Den Feldsalat sehr sorgfältig waschen, trocken schleudern und auf Tellern anrichten. Den Friséesalat in mundgerechte Stücke zupfen. Die Pilze putzen, in dünne Scheiben schneiden und in einer Pfanne in Butter goldbraun anbraten. Dabei oftmals wenden, dann salzen und pfeffern.

2 Für die Vinaigrette alle Zutaten miteinander vermischen; dann zum Salat geben. Die Pilze gleichmäßig auf die Teller verteilen.

3 Etwas Parmesan über jeden Teller reiben, optional gehackte Petersilie darüberstreuen und servieren.

Tipp: Wenn man frische Steinpilze verwendet, empfiehlt sich die Petersilie auf jeden Fall, da sie den Steinpilzgeschmack verstärkt.

Kein Pilz ist klein genug,
um nicht auch
ein Glückspilz zu sein.

KÄSETERRINE

1 Stück Blauschimmelkäse
1 Stück Ziegenfrischkäse
1 Stück Brie
2 EL Crème fraîche
Weinblätter als Garnitur

Rezept für 8 Personen
15 Minuten Arbeit
plus 2 Tage Kühlzeit

1 Hinweis: Die drei Käse müssen den gleichen Durchmesser haben (etwa 24 cm), da sie übereinandergelegt werden. Sie sollten noch nicht zu reif sein, da der Käse sonst schnell zerfließt.

2 Einen Tortenrand in der Größe der Käse bereitstellen.

3 Den Blauschimmelkäse zweimal horizontal durchschneiden und die erste Lage als Boden in die Tortenform legen.

4 Den Ziegenkäse einmal horizontal durchschneiden und eine der beiden Lagen auf den Blauschimmelkäse geben.

5 Den Brie ebenfalls nur einmal durchschneiden und eine der Schichten auf den Ziegenkäse legen.

6 Die restlichen Schichten Käse in der gleichen Reihenfolge übereinanderlegen und mit dem Blauschimmelkäse enden.

7 Die Form mit Alufolie abdecken und für 2 Tage in den Kühlschrank stellen.

8 Den Ring der Springform vorsichtig lösen und den Rand der Käsetorte mit Crème fraîche bestreichen. Diese mit den Weinblättern belegen.

9 Etwa 1 Stunde vor dem Servieren aus dem Kühlschrank nehmen.

Dazu Baguette reichen.

Rindercarpaccio
mit Parmesan und Champignons

300 g	Rinderfilet
100 g	Champignons
20 g	Pinienkerne
100 ml	Olivenöl
	Saft von 1 Zitrone
	Salz
	frisch gemahlener Pfeffer
	Parmesan (gemischter Salat)

Rezept für 4 Personen
15 Minuten Arbeit
plus 30 Minuten Gefrierzeit

1 Das Rinderfilet abwaschen, trocken tupfen und in Klarsichtfolie für 30 Minuten ins Gefrierfach legen.

2 Die Champignons putzen und in sehr feine Scheiben schneiden.

3 Das Fleisch mit einem scharfen Messer in hauchdünne Scheiben schneiden, nebeneinander auf Klarsichtfolie legen, mit Folie abdecken und mit einem flachen Holzbrett kurz glatt drücken.

4 Die Pinienkerne ohne Fett in einer Pfanne leicht anrösten.

5 Das Fleisch vorsichtig von den Folien abnehmen, auf den Tellern überlappend anrichten, Zitronensaft und Olivenöl miteinander verrühren und gleichmäßig auf das Fleisch träufeln. Nur leicht salzen und pfeffern.

6 Mit der Reibe etwas Parmesan über das Fleisch hobeln und die Pinienkerne darüberstreuen.

Mit den Champignons, oder mit etwas Salat garnieren.

Tipp: Die meisten Metzger schneiden das Fleisch auf Vorbestellung bereits hauchdünn.

Zucchini-Kresse-Süppchen

Die Zwiebel schälen und fein würfeln, Zucchini waschen und grob schälen (es sollte noch etwas Schale an den Zucchini bleiben) und in Würfel schneiden.

Das Öl in einem Topf erhitzen und die Zwiebel unter Rühren hineingeben. Sobald die Zwiebel glasig ist, die Zucchiniwürfel dazugeben und unter Rühren etwas anschwitzen. Zuletzt mit der Gemüsebrühe aufgießen.

Zugedeckt etwa 10 Minuten köcheln lassen.

Den Topf vom Herd nehmen und die Sahne und die abgeschnittene Kresse in die Brühe geben (etwas Kresse zurückhalten für die Garnitur der fertigen Suppe). Mit dem Rührstab fein pürieren und die Crème fraîche unterziehen. Mit Salz und Pfeffer abschmecken.

Die Suppe in tiefen Tellern servieren und mit etwas Kresse verzieren.

Tipp: Schmale Streifen Räucherlachs in die Suppe geben oder Croûtons darüber streuen.

1	mittelgroße Zwiebel
2	mittelgroße grüne Zucchini
2 EL	Öl
400 ml	Gemüsebrühe (Instant)
100 g	Sahne
1 Kästchen	Gartenkresse
80 g	Crème fraîche
	Salz, Pfeffer

warm

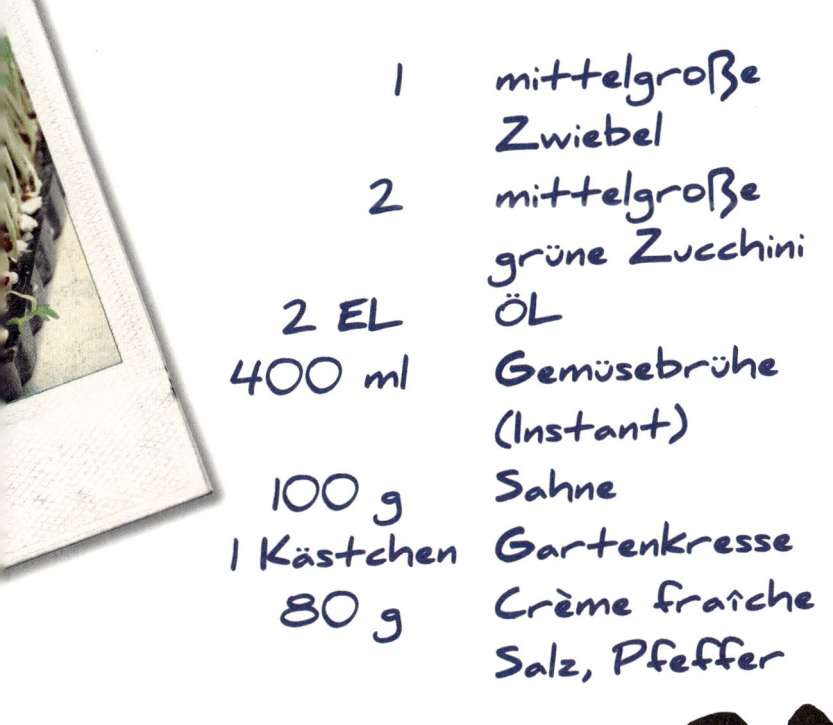

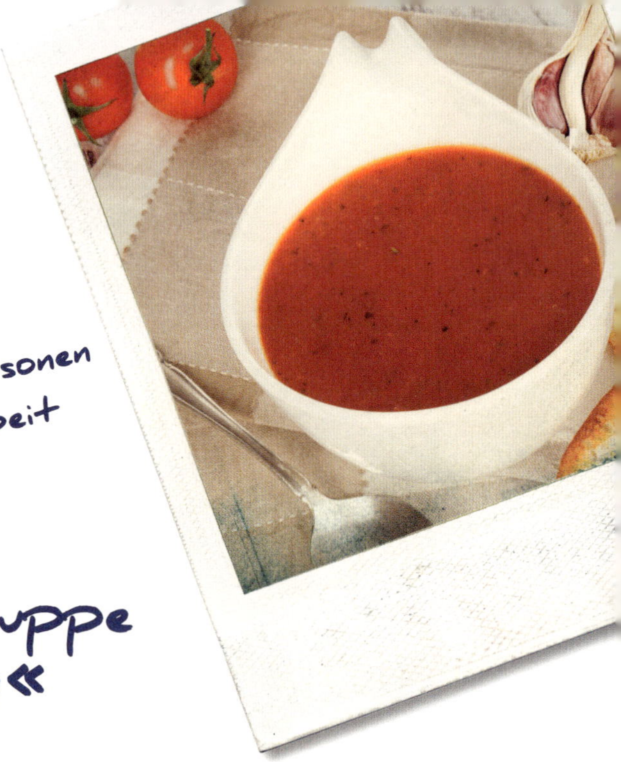

Tomatensuppe »Spicy«

Den Piment, den Koriander und die Pfefferkörner in ein Mullsäckchen binden oder in ein Tee-Ei geben.

Die Schalotten schälen, klein hacken und den Sellerie in kleine Würfel schneiden. Die Petersilie fein hacken und alles in heißem Öl und Butter anschwitzen. Mit Zucker bestreuen und etwas karamellisieren lassen. Anschließend die Tomaten mit Flüssigkeit und den Fond zufügen, salzen. Das Gewürzsäckchen oder das Tee-Ei und die Zimtstange hineingeben, aufkochen und etwa 15 Minuten köcheln lassen.

Inzwischen das Toastbrot würfeln und in heißer Butter knusprig braten. Gewürze aus der Suppe nehmen und die Suppe pürieren, anschließend durch ein Sieb passieren. Mit Salz und Cayennepfeffer abschmecken. Die gerösteten Toastbrotwürfel kurz vor dem Servieren dazugeben.

1 TL	Piment
1 TL	Koriander
1 TL	schwarze Pfefferkörner
2	Stangen Staudensellerie
5	Stängel glatte Petersilie
2	Schalotten, fein gewürfelt
2 EL	Olivenöl + 20 g Butter
15 g	brauner Zucker
1	große Dose geschälte oder gehackte Tomaten
400 ml	Gemüsefond aus dem Glas oder Instant
	Meersalz
1 kleine	Zimtstange
	Cayennepfeffer
2	Scheiben Toastbrot
30 g	Butter

Rezept für 4 Personen
25 Minuten Arbeit

Ingwer-Kürbis-Cremesüppchen

Den Kürbis mit dem Universalmesser schälen (bei Hokkaido nicht nötig), das Innere und die Kerne mit einem Löffel auskratzen und wegwerfen. Die geschälte Zwiebel und das Kürbisfleisch in kleine Stücke schneiden. Die Kartoffeln schälen und in Würfel schneiden.

In einem Topf die Butter erhitzen und die Zwiebel darin glasig werden lassen. Die Kürbisstücke und die Kartoffeln hinzugeben und 2 Minuten unter ständigem Rühren bei mittlerer Temperatur anbraten.

Die Gemüsebrühe angießen und den Ingwer einrühren. Etwa 20 Minuten köcheln lassen, dann die Suppe mit dem Pürierstab pürieren und ganz heiß servieren.

Tipp: Crème fraîche oder Sahne zum Verfeinern einrühren oder 1 TL Curry in die Suppe geben.

1	mittelgroßer Kürbis (z. B. Hokkaido)
1	große braune Zwiebel
10 g	Butter
2	mittelgroße Kartoffeln
1 TL	frischer Ingwer, fein gehackt
1 l	Gemüsebrühe (Instant)

hot!

MAROKKANISCHE
Rote-Linsen-Suppe

1	weiße Zwiebel
2	Knoblauchzehen
200 g	Dosentomaten
200 g	rote Linsen
1 l	Gemüsebrühe
1/2 TL	Kurkuma
1/2 TL	Kreuzkümmel
1/2 TL	milde Chiliflocken
1/2 TL	Ras el Hanout
20 g	Mandelstifte
200 ml	Kokosmilch
	Saft von 1/2 Limette
1 TL	gehacktes Koriandergrün
(40 g	klein geschnittene Datteln)
	Salz
	Cayennepfeffer

*Rezept für 4 Personen
25 Minuten Arbeit*

1. Die Zwiebel und den Knoblauch schälen, klein hacken und in heißem Öl glasig werden lassen. Tomaten und Linsen dazugeben. Mit der Gemüsebrühe aufgießen, die Gewürze dazugeben und zugedeckt etwa 20 Minuten leicht köcheln lassen, bis die Linsen ganz weich sind. Alles pürieren und zweimal durch ein feines Sieb passieren.

2. Währenddessen die Mandelstifte in einer Pfanne ohne Öl bei mittlerer Temperatur ganz leicht anrösten, dann beiseitestellen.

3. Zur Linsensuppe anschließend die Kokosmilch und den Limettensaft zugießen. Nach Belieben mit Mandelstiften oder Koriander garnieren.

Für das Ras el Hanout (Vorrat):
1 EL Kreuzkümmelsamen, 1 EL Koriandersamen, 1/2 EL Pfefferkörner, 1 EL Orangenschalenzesten, 1 EL Ingwerpulver, 1/2 EL Rosenpaprika, 1/2 EL gemahlener Kardamom, 1 TL Kurkuma, 1 TL Zimtpulver, 1 TL Salz, 1/2 TL Cayennepfeffer

Tipp: Zum Marinieren und Grillen von Fleisch 1 EL Ras el Hanout mit 2 EL Honig verrühren und das Fleisch vor der Zubereitung damit einreiben.

Ohne Regentage könnte man die Sonne gar nicht richtig genießen.

SÜSSKARTOFFEL-KOKOSNUSS-SUPPE

2	Knoblauchzehen
1	Zwiebel
1	rote Chilischote
750 g	Süßkartoffeln
2 EL	Olivenöl
1 TL	geriebener Ingwer
	Saft und Abrieb von
1	unbehandelten Limette
600 ml	Gemüsefond
400 ml	Kokosnussmilch
	Salz
	frisch gemahlener Pfeffer
150 g	Babyspinatblätter
	(Koriandergrün, fein gehackt)

Rezept für 6 Personen
35 Minuten Arbeit

1. Die geschälten Knoblauchzehen durch die Knoblauchpresse drücken, die Zwiebel schälen und klein schneiden, die Chilischote entkernen und klein hacken und beiseitestellen. Die Süßkartoffeln schälen und in grobe Würfel schneiden.

2. Das Olivenöl in einem Topf heiß werden lassen, dann Zwiebel, Knoblauch, Ingwer, Limettenabrieb und Chili dazugeben und bei mittlerer Temperatur garen, bis die Zwiebel glasig ist. Die Süßkartoffelwürfel dazugeben und unter Rühren etwas Farbe nehmen lassen.

3. Den Gemüsefond zusammen mit der Kokosnussmilch und dem Limettensaft dazugießen, salzen und pfeffern. Zum Kochen bringen und etwa 20 Minuten köcheln lassen, bis die Kartoffeln weich sind.

4. Am Ende der Kochzeit die Suppe pürieren und für einige Minuten den klein gehackten Spinat (und das Koriandergrün) dazugeben. Abschmecken und heiß servieren.

Tipp: Anstelle der Süßkartoffeln kann man auch Kürbis verwenden. In diesem Fall passt Koriandergrün noch besser dazu.

Sahnige Erbsensuppe

1	Zwiebel
2 EL	Öl
50 ml	Weißwein
800 ml	Gemüsebrühe (Instant)
300 g	TK-Erbsen (aufgetaut)
200 g	Sahne
	Salz
	Cayennepfeffer
	Zucker
	frisch geriebene Muskatnuss
	(nach Belieben)

Rezept für 4 Personen
20 Minuten Arbeit

1 Die Zwiebel schälen und in kleine Würfel schneiden. Das Öl in einem Topf erhitzen und die Zwiebel bei mittlerer Temperatur glasig werden lassen. Mit Weißwein ablöschen und fast vollständig einkochen lassen.

2 Mit der Brühe aufgießen und etwa 15 Minuten ganz leicht unter dem Siedepunkt simmern lassen.

3 Die Erbsen in die Brühe geben und 3–5 Minuten darin erhitzen. Die Sahne dazugeben und alles pürieren.

4 Die Suppe nochmals kurz erhitzen und mit Salz, Cayennepfeffer, Zucker und nach Geschmack mit Muskatnuss würzen. In tiefen Tellern servieren.

Tipp: Eventuell einige Erbsen pro Portion ganz lassen und vor dem Servieren dazugeben. Auch Räucherfischstreifen sind eine leckere Garnitur.

Das Leben ist
zu kurz, um
sich andauernd
zu ärgern!

Haupt

REZEPTE, WENN DIE
WELT MAL WIEDER
UNGERECHT WAR ...

speisen

GEBRATENE SEEZUNGE
mit Zitronenpüree

4	Seezungen à 200 g (küchenfertig)
	Salz
	frisch gemahlener Pfeffer
	Mehl zum Bestauben
50 g	Butter
1/2	Bund glatte Petersilie
2	unbehandelte Zitronen

Für das Zitronenkartoffelpüree:

500 g	Kartoffeln
125 ml	Milch
	abgeriebene Schale von
1/2	unbehandelten Zitrone
3 EL	Olivenöl
	Salz
	frisch gemahlener Pfeffer

Rezept für 4 Personen
10 Minuten Arbeit

1 Die Seezungen innen und außen abspülen und trocken tupfen. Auf jeder Seite alle 2 cm ganz leicht einschneiden, salzen und pfeffern. Mit Mehl bestauben und überschüssiges Mehl abklopfen.

2 In zwei großen Pfannen die Hälfte der Butter zerlassen und die Fische auf jeder Seite etwa 4 Minuten braten. Das Innere des Fisches schimmert leicht rosa, wenn er gar ist.

3 Die Petersilie waschen, trocken schütteln und sehr fein hacken. Die Zitronen waschen und vierteln. Die restliche Butter in einem kleinen Topf zerlassen und den entstehenden Schaum mit einem Löffel entfernen.

4 Die Seezungen auf Teller geben, die (geklärte) Butter darübergeben, nochmals pfeffern und mit Petersilie garnieren. Die Zitronenviertel dazulegen.

Mit Bandnudeln oder Zitronenkartoffelpüree servieren.

Zitronenpüree:

Die Kartoffeln schälen und in Salzwasser weich kochen, ausdampfen lassen und durch die Kartoffelpresse drücken. In einem Topf die Milch aufkochen lassen und mit der Zitronenschale unter die Kartoffelmasse rühren, danach das Olivenöl einrühren und mit Salz, Pfeffer und eventuell etwas Muskatnuss abschmecken.

Jakobsmuschel-risotto

In einem Topf die Gemüsebrühe sehr heiß werden, jedoch nicht aufkochen lassen.

Die Zwiebel schälen, in sehr kleine Würfel schneiden und in einem Topf in heißer Butter glasig werden lassen. Den Reis dazugeben und unter Rühren ebenfalls glasig werden lassen. Nach etwa 2 Minuten mit dem Weißwein ablöschen.

Den Gemüsefond langsam und unter Rühren dazugießen. Die Flüssigkeit muss immer erst vom Reis aufgesogen sein, bevor erneut nachgegossen wird.

In der Zwischenzeit die Jakobsmuscheln in etwas Butter beidseitig leicht anbraten, herausnehmen und in kleine Stückchen schneiden. Sie werden am Ende unter das Risotto gemischt. Mit Salz und Pfeffer abschmecken und heiß servieren.

Tipp: Anstelle der Jakobsmuscheln kann man auch in Scheiben geschnittene Steinpilze verwenden, die in Butter angebraten werden.

800 ml	Gemüsebrühe (Instant oder Fond aus dem Glas)
1	Zwiebel
30 g	Butter
200 g	Risottoreis (Arborio)
250 ml	trockener Weißwein
8	Jakobsmuscheln (küchenfertig)
	Salz, Pfeffer

creamy

MIESMUSCHELN
nach Seemannsart

2 kg	Miesmuscheln
2	Zwiebeln
60 g	Butter
400 ml	trockener Weißwein
1	Lorbeerblatt
1	großer frischer Zweig Thymian
200 ml	Crème double
	(oder Crème fraîche)
	Salz
	frisch gemahlener Pfeffer
60 g	gehackte Petersilie
	zur Garnierung

Rezept für 4 Personen
25 Minuten Arbeit

1. Die Muscheln einzeln unter fließendem Wasser gründlich abbürsten und die Bärte entfernen. Die Zwiebeln schälen und klein hacken. Beschädigte Muscheln wegwerfen. Ebenso Exemplare, die sich auf Berührung nicht schließen.

2. In einem großen Topf die Butter zerlassen, die Zwiebeln zugeben und unter Rühren leicht Farbe nehmen lassen. Miesmuscheln, Wein, Lorbeerblatt und Thymian dazugeben und den Deckel auflegen. Auf höchste Stufe schalten und 2–3 Minuten köcheln lassen, dabei ab und zu den Topf schwenken, bis sich alle Muschelschalen geöffnet haben. Geschlossene Muscheln wegwerfen.

3. Die Muscheln herausnehmen und zugedeckt warm stellen. Den Muschelsud durch ein Sieb in einen sauberen Topf gießen und erhitzen.

4. Die Crème double einrühren und den Sud mit Salz und Pfeffer abschmecken.

5. Die Muscheln auf vier tiefe Teller verteilen, Flüssigkeit darübergießen und mit Petersilie garnieren. Kleine Teller für die leeren Muschelschalen daneben stellen.

Mit heißem Röstbrot oder Pommes frites servieren.

Tipp: Als Vorspeise 500 g Muscheln (mit Schale) pro Person berechnen, als Hauptgang 1 kg pro Person.

Variation: Gleichzeitig mit den Zwiebeln 2 klein gehackte Knoblauchzehen dazugeben.

*Rezept für 6 Personen
15 Minuten Arbeit
plus ca. 3 Stunden Garzeit*

Gefüllte Ente
mit Cognac-Backpflaumen

Die Ente abbrausen, trocken tupfen und innen und außen salzen und pfeffern. Die Äpfel schälen, die Kerngehäuse entfernen, vierteln und zusammen mit den Dörrpflaumen in die Ente geben, mit Zahnstochern zustecken oder mit Küchengarn zunähen.

Die Ente mit der Brust nach unten auf einem Rost auf unterster Schiene in den kalten Herd stellen und auf 160 °C heizen. Eine Fettpfanne unter den Rost stellen und nach 45 Minuten das Bratfett darin herausnehmen und kalt stellen. Die Fettpfanne mit etwas Wasser darin unterschieben.

Die Ente umdrehen und weitere 2 Stunden braten. In den letzten 10 Minuten den Ofen auf 250 °C stellen, dann aber die Tür einen Spalt offen lassen.

Die Ente herausnehmen, zerteilen und bis zum Servieren warm stellen (oder unzerteilt servieren).

Den Bratensaft mit Cognac, Rotwein, Salz und Pfeffer abschmecken. Eventuell mit Speisestärke oder Flöckchen eiskalter Butter binden.

Dazu gebackene Semmelknödelscheiben reichen (Rezept siehe Seite 132).

1	Ente, bratfertig, ca. 2–2,5 kg
	Salz
	frisch gemahlener Pfeffer
3	mittelgroße Äpfel
10	Backpflaumen (Dörrpflaumen), in Cognac eingeweicht
	Cognac
	Rotwein

roast

ENTENBRUSTFILET
mit Himbeersauce

4	Entenbrustfilets gleicher Größe
6 EL	Öl oder Butterschmalz
2	große Knoblauchzehen
	Salz
	frisch gemahlener Pfeffer
6 EL	Balsamico, dunkel
400 g	Himbeerkonfitüre (ohne Kerne)

Rezept für 4 Personen
30 Minuten Arbeit

1 Die Fettseite der Entenbrustfilets mit einem scharfen Messer rautenförmig einschneiden, dabei nicht bis ins Fleisch schneiden. Anschließend mit der Hautseite nach unten in eine Pfanne mit dem heißen Öl oder Butterschmalz geben und die ungeschälten Knoblauchzehen dazulegen.

2 Die Filets braten, bis die Hautseite knusprig und goldbraun ist. Dann salzen und kräftig pfeffern, umdrehen und die zweite Seite fast ebenso lange braten (eventuell mit dem Messer einschneiden, um zu prüfen, ob das Fleisch rosa ist). Wenn die Entenbrüste fertig sind, herausnehmen und unter Alufolie warm halten.

3 Die Knoblauchzehen herausnehmen, schälen, zurück in die Pfanne geben, mit einer Gabel darin zerdrücken und ganz kurz anbraten. Mit Balsamico ablöschen und das Ganze kurz einkochen lassen.

4 Die Himbeerkonfitüre mit dem Schneebesen einrühren und die Sauce mit Pfeffer und Salz abschmecken.

5 Die fertige Sauce auf einer vorgewärmten Platte anrichten, die Entenbrust in dünne, maximal 1 cm dicke Scheiben schneiden und auf dem Saucenspiegel anrichten.

Tipp: Mit Gratin dauphinois (siehe Seite 116) servieren, das 15 Minuten vor der Zubereitung der Entenbrustfilets zum Überbacken in den Backofen geschoben wird, damit alles gleichzeitig fertig ist.

Nimm dir immer auch
die Zeit, glücklich zu sein.

HÄHNCHENSCHLEGEL
auf Honig-Knoblauch-Kartoffeln

2 EL	frischer Rosmarin
8	mittelgroße Knoblauchzehen, geschält
1 TL	Salz
2 EL	Honig
6	dicke Hähnchenschlegel
	frisch gemahlener Pfeffer
10	mittelgroße Kartoffeln
6 EL	Olivenöl
6 EL	Butter

Rezept für 6 Personen
10 Minuten Arbeit
plus 1 Stunde Garzeit

1 Den Backofen auf 190 °C vorheizen.

2 Rosmarinnadeln und die geschälten Knoblauchzehen sehr fein hacken, mit dem Salz und dem Honig in einer kleinen Schale zerdrücken. Diese Paste gleichmäßig auf die Schlegel verteilen, pfeffern und auf den Rost legen.

3 Die Kartoffeln schälen und vierteln. Olivenöl auf eine Fettpfanne oder in eine große feuerfeste Form geben, die Kartoffeln hineingeben, ein wenig salzen und rundum im Olivenöl wenden.

4 Die Hähnchenschlegel direkt auf dem Rost auf die mittlere Schiene des Backofens geben, die Fettpfanne darunter platzieren, sodass der Bratsaft der Schlegel auf die Kartoffeln in der Fettpfanne tropfen kann.

5 Nach 15 Minuten bei 190 °C (die Haut auf den Schlegeln schwillt an) den Backofen auf 150 °C herunterschalten und auf jeden Schlegel 1 EL Butter geben.

6 Noch etwa 45 Minuten im Backofen lassen. Ab und zu etwas vom Bratsaft über die Schlegel gießen.

7 Auf einer großen vorgewärmten Platte servieren.

Schweinekoteletts
in Tomatensauce

Die Koteletts in 3 EL Olivenöl in einer großen Pfanne von beiden Seiten kräftig anbraten, herausnehmen, salzen und pfeffern. Den Knoblauch schälen und in sehr dünne Scheiben schneiden.

Das restliche Olivenöl in die Pfanne geben, den Knoblauch leicht darin anschwitzen, die gehackten Tomaten, das Tomatenmark und die Hälfte des Oregano hineingeben. Den Rotwein dazugießen, aufkochen lassen und einige Minuten unter Rühren eindicken lassen. Mit Pfeffer und Salz abschmecken.

Die Koteletts in die Sauce legen, die Temperatur herunterschalten und das Fleisch etwa 7 Minuten schmoren lassen, dann wenden und nochmals 7 Minuten schmoren lassen.

Die Koteletts auf Tellern anrichten, die Sauce darüber verteilen und mit dem restlichen Oregano bestreuen.

Tipp: Schmeckt am besten mit breiten Bandnudeln.

4	Schweinekoteletts, je ca. 200 g
4 EL	Olivenöl
	Salz
	frisch gemahlener Pfeffer
4	Knoblauchzehen
1	große Dose gehackte Tomaten
1 EL	Tomatenmark
1 TL	getrockneter Oregano
125 ml	Rotwein

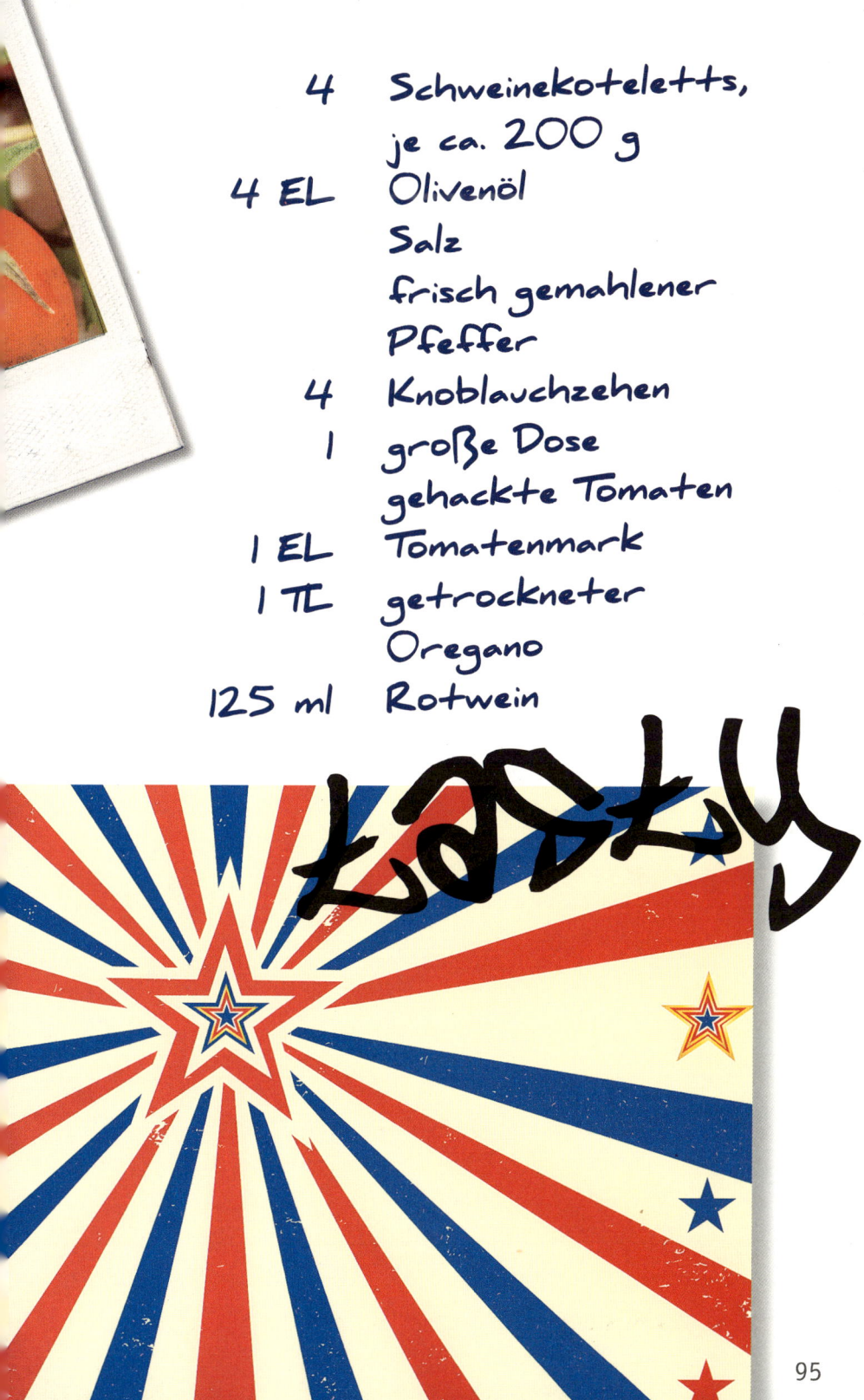

Gib der guten Laune
schon am frühen Morgen
eine Chance.
Dann hast du wieder
einen guten Tag.

KALBSFILET
mit Morcheln in Sherrysauce

60 g	getrocknete Morcheln
1 kg	Kalbsfilet
	Salz
	frisch gemahlener Pfeffer
1 TL	Senf
20 g	Butterschmalz
10 g	Butter
2 EL	Cognac
2 EL	trockener Sherry
400 ml	Kalbsfond
100 ml	Sahne

Rezept für 4–5 Personen
25 Minuten Arbeit
plus 30 Minuten Bratzeit

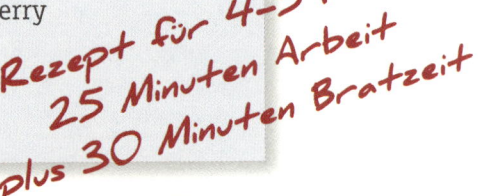

1 Den Backofen auf 180 °C vorheizen.

2 Die Morcheln 20 Minuten in warmem Wasser einweichen, einige Esslöffel des Einweichwassers abnehmen und beiseitestellen. Die Morcheln sehr sorgfältig unter fließendem Wasser putzen, um möglichen Sand herauszuspülen. Auf Küchenpapier abtropfen lassen.

3 Vom Kalbsfilet das Fett und die Sehnen entfernen. Rundum leicht salzen, pfeffern und mit dem Senf einreiben. Von allen Seiten kurz im heißen Butterschmalz in einer Pfanne anbraten, bis das Filet etwas Farbe bekommt. Herausnehmen, in eine Auflaufform geben und kurz abkühlen lassen.

4 Das Kalbsfilet für 30 Minuten in den vorgeheizten Backofen geben.

5 Die Morcheln in eine Pfanne mit heißer Butter geben und in etwa 10 Minuten weich werden lassen. Mit Cognac ablöschen, mit Sherry und Kalbsfond aufgießen und die Sauce etwas einkochen lassen (eventuell zum Eindicken Speisestärke in kaltes Wasser einrühren und dazugeben). Die Sahne dazugießen und mit Salz, Pfeffer und Morchelsud abschmecken.

6 Das Kalbsfilet auf einem Brett in gleichmäßige Scheiben schneiden. Die Sauce auf Teller geben und die Filetscheiben darauf anrichten.

Tipp: Mit Gratin dauphinois (siehe Seite 116) servieren, das genau 15 Minuten vor dem Kalbsfilet in den vorgeheizten Backofen gegeben wird. Beide Gerichte sind zur gleichen Zeit fertig.

Saltimbocca
alla romana

Die Schnitzel leicht klopfen, salzen und pfeffern.

Pro Schnitzel eine Scheibe Parmaschinken und ein Salbeiblatt auf das Fleisch legen, pfeffern und in der Mitte zusammenklappen. Mit einem Zahnstocher durchbohren.

Im Öl von beiden Seiten goldgelb braten. Dann herausnehmen und zwischen zwei Tellern warm halten.

Den Bratenfond in der Pfanne mit Marsala ablöschen und etwas einkochen lassen.

Die Schnitzel auf Portionstellern mit der Sauce servieren.

Die restlichen Salbeiblätter als Garnitur auf den Tellern verteilen.

Mit Bratkartoffeln und grünem Salat servieren.

4	dünne Kalbsschnitzel
	(ca. 4 mm dick)
	Salz, Pfeffer
4	Scheiben Parmaschinken
12	Salbeiblätter
3 EL	Öl
4 EL	Marsala

quick

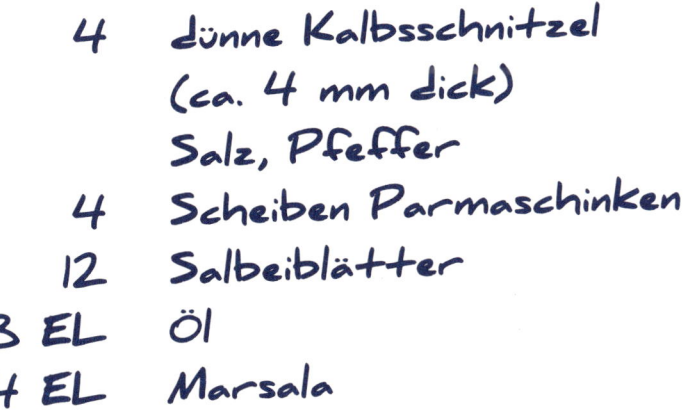

101

Kalbsleber
mit getrockneten Aprikosen

Die Schalotten schälen und sehr fein würfeln. Die Leberscheiben in 2–3 cm breite Streifen schneiden und leicht in Mehl wenden. Sechs Aprikosen in kleine Würfel schneiden.

Die Schalotten in der Mischung von heißem Pflanzenfett und 20 g Butter anbraten. Wenn sie leicht angebräunt sind, herausnehmen und warm halten. Die restliche Butter in das Fett geben. Die Leberstreifen hineingeben und goldbraun werden lassen (das Innere muss noch zartrosa sein!), salzen, pfeffern, herausnehmen und warm halten.

Die Zwiebeln zurück in die Pfanne geben, mit Rotwein und Balsamico ablöschen und zur Hälfte einkochen lassen. Nach und nach die Sahne hinzufügen und unter Rühren bei schwacher Temperatur einkochen lassen. Zwischendurch die Aprikosenwürfel und den Zucker dazugeben. Wenn die Sauce die gewünschte Konsistenz hat, die zwei ganzen Aprikosen und das Fleisch zum Aufwärmen (nicht mehr kochen!) dazugeben. Mit Salz und Pfeffer abschmecken.

Auf einer vorgewärmten Platte servieren.

Mit Kartoffelpüree oder Gratin dauphinois (siehe Seite 116) servieren.

2	mittelgroße Schalotten
2	große, dünne Scheiben Kalbsleber
20 g	Mehl
8	getrocknete Aprikosen
1 TL	Pflanzenfett
50 g	Butter
	Salz, Pfeffer
200 ml	trockener Rotwein
3 EL	Balsamico, dunkel
150 g	Sahne
1 TL	Zucker

fruity

*Rezept für 2 Personen
5 Minuten Arbeit*

Kalbsnierchen express

Von der Kalbsniere die Außenhaut abziehen, Harn-
wege, Fett und Sehnen entfernen und die gesäu-
berte Niere in 5 mm dicke Scheiben schneiden.

Das Öl in einer Pfanne sehr heiß werden lassen,
und wenn es fast zu rauchen beginnt, die Nieren-
scheiben hineingeben, salzen, pfeffern, die Butter
dazugeben. Dann sogleich die Scheiben umdrehen
und die Pfanne vom Herd nehmen. Das Ganze soll
nicht länger als 1 Minute dauern.

Sofort auf vorgewärmten Tellern servieren und mit
der schäumenden Butter übergießen.

Dazu Bratkartoffeln oder warmes Baguette reichen.

Tipp: Die Zubereitung dieses Gerichts geht sehr
schnell. Für vier Personen sollte man in zwei
mittelgroßen Pfannen braten, da die Kalbsnieren
sonst durch den austretenden Fleischsaft kochen,
anstatt zu braten, und somit hart werden.

1 mittelgroße
Kalbsniere
(ca. 400 g)
1 EL Öl
Salz
frisch gemahlener
Pfeffer
40 g Butter

express

RINDERFILET- SPITZEN

300 g	Champignons
2	große Schalotten
2	große Gewürzgurken
600 g	Rinderfiletspitzen
10 g	Butterschmalz
10 g	Butter
	Salz
	Cayennepfeffer
1 Msp.	Paprikapulver
1 TL	Tomatenmark
20 g	Mehl
4 EL	Cognac
400 ml	Gemüsebrühe
	(Instant oder Fond im Glas)
1 TL	Speisestärke
150 g	Crème fraîche
1 EL	scharfer Senf (Dijon)
	Blätter von glatter Petersilie
	als Garnitur

Rezept für 4 Personen
25 Minuten Arbeit

1 Die Champignons putzen und in Scheiben schneiden. Die Schalotten schälen und in kleine Würfel schneiden. Gewürzgurken in Würfel oder Streifen schneiden.

2 Das Fleisch quer in kleine Streifen von etwa 1 cm Dicke schneiden und bei mittlerer Hitze in Butterschmalz schnell von allen Seiten anbraten, herausnehmen und in Alufolie warm halten. Das Fleisch sollte innen noch rosa sein.

3 In der gleichen Pfanne die Butter erhitzen und die Champignons kurz anbraten, ebenfalls herausnehmen und zum Fleisch in die Alufolie geben.

4 Die Schalottenwürfel im Bratfett andünsten. Salz, Cayennepfeffer und Paprikapulver dazugeben, das Tomatenmark unterrühren, das Mehl darübergeben und umrühren. Mit Cognac ablöschen. Die Gemüsebrühe dazugießen und alles aufkochen lassen. Mit etwas in kaltem Wasser aufgelöster Speisestärke binden.

5 Das Fleisch, die Pilze, Gewürzgurken, Crème fraîche und den Senf dazugeben, warm werden lassen und zusammen abschmecken.

6 Auf vorgewärmten Tellern anrichten und mit Petersilienblättern garnieren.

Mit gebackenen Semmelknödelscheiben servieren (Rezept siehe Seite 132).

Rinderfilet-steak
mit Kräuterbutter

Die Steaks 30 Minuten vor der Zubereitung aus dem Kühlschrank nehmen.

Den Backofen auf 100 °C vorheizen.

Die Steaks mit dem Handballen leicht flach drücken. Das Öl in der Pfanne erhitzen und die Steaks bei mittlerer Temperatur rundum anbraten. Herausnehmen und auf dem Ofengitter auf mittlerer Schiene mit einem Abtropfblech darunter in 50–60 Minuten rosa garen. Salzen und pfeffern.

Die Butter 1 Stunde vor Verarbeitung aus dem Kühlschrank holen. Den Knoblauch schälen und durch die Knoblauchpresse drücken. Den Knoblauch, die Kräuter, etwas Salz und Pfeffer mithilfe einer Gabel unter die weiche Butter mischen. Die Kräuterbutter in kleine Portionsschälchen füllen und bis zur Verwendung in den Kühlschrank stellen.

Mit Keniabohnen und Knoblauchbaguette servieren.

Tipp: Das Filet (800 g) kann auch am Stück gebraten werden, die Garzeit im Ofen beträgt dann etwa 2 Stunden.

4	Rinderfiletstücke aus der Mitte, ca. 5 cm dick
2	EL Öl
	Salz
	frisch gemahlener Pfeffer

Für die Kräuterbutter:

100 g	Butter
1	Knoblauchzehe
20 g	verschiedene Kräuter, fein gehackt
	Salz, Pfeffer

beef

GESCHMORTE
Rindersteaks

8	kleine Scheiben Rindersteak, je ca. 80 g
	frisch gemahlener Pfeffer
	Saft von 3 Zitronen
100 g	roher Schinken
300 g	Champignons
1 Bund	glatte Petersilie
3 EL	Olivenöl
	Salz

Rezept für 4 Personen
25 Minuten Arbeit

1 Den Backofen auf 200 °C vorheizen.

2 Die Steaks auf beiden Seiten pfeffern und mit 2 EL Zitronensaft beträufeln, dann beiseitestellen.

3 Den Schinken in feine Streifen schneiden. Die Champignons putzen und in dünne Scheiben schneiden. Die Hälfte der Petersilie abspülen, trocken schütteln und fein hacken.

4 In einer Pfanne 1 EL Öl erhitzen, die Steaks ganz kurz Farbe nehmen lassen, herausnehmen und den Schinken darin 2 Minuten anbraten. Die Pilze und die gehackte Petersilie dazugeben und weitere 2 Minuten braten. Salzen, pfeffern und mit 1–2 EL Zitronensaft würzen. In eine feuerfeste Form umfüllen.

5 Die Steaks nebeneinander auf die Pilz-Petersilie-Mischung legen und im Backofen etwa 20 Minuten schmoren. Nach 10 Minuten das Fleisch wenden, salzen, pfeffern, 2 EL Öl und 1 EL Zitronensaft darübergeben.

6 Das Fleisch auf Portionsteller verteilen und die Pilzmischung darübergeben. Mit der restlichen Petersilie garnieren.

Dazu grünen Salat reichen.

Wildschweinmedaillons in Speck

Die Wildschweinmedaillons abspülen und trocken tupfen. Die Ränder mit je einer Scheibe Speck umwickeln. Den Speck mit angefeuchteten Holzstäbchen am Fleisch feststecken oder mit Küchengarn umwickeln und festbinden.

Das Öl in der Pfanne stark erhitzen und die Medaillons rundherum kräftig und auch leicht am Rand anbraten. Anschließend die Temperatur verringern und auf jeder Seite etwa 5 Minuten braten. Sehr leicht salzen. Herausnehmen und warm halten.

Den Bratensatz mit dem Madeira und dem Wildfond ablöschen, aufkochen lassen und auf hoher Stufe über die Hälfte der Flüssigkeit einkochen lassen. Mit Salz und Pfeffer abschmecken und je nach Konsistenz in kaltem Wasser aufgelöste Stärke einrühren. Nach Geschmack grüne Pfefferkörner daruntermischen.

Jeweils zwei Medaillons auf Portionstellern anrichten und mit der Sauce übergießen.

Dazu Kartoffelpüree und Rotkraut reichen.

8	Wildschweinmedaillons
8	dünne Scheiben Frühstücksspeck
3 EL	Öl
	Salz

Für die Sauce:

100 ml	Madeira
400 ml	Wildfond
1–2 EL	Stärke zum Binden
	frisch gemahlener Pfeffer oder
1 EL	eingelegte grüne Pfefferkörner

Wild

Gratin dauphinois

80 g	Butter
8	Kartoffeln (festkochend)
	Salz
	frisch gemahlener Pfeffer
200 g	Emmentaler oder Greyerzer, gerieben
300 g	Sahne

Rezept für 4 Personen
15 Minuten Arbeit
plus ca. 45 Minuten Garzeit

1 Den Backofen auf 180 Grad °C vorheizen.

2 Eine Auflaufform (35 x 20 cm) mit 1 TL der Butter am Boden und an den Seiten ausbuttern.

3 Die Kartoffeln schälen, in maximal 2 mm dicke Scheiben schneiden und den Boden der Form damit gleichmäßig dünn belegen. Salzen, pfeffern und eine dünne Schicht Emmentaler darüber verteilen. Dies noch zweimal wiederholen.

4 Über der letzten Schicht Käse die Sahne gleichmäßig verteilen und den Rest der Butter in Flöckchen über das Gratin geben.

5 In etwa 45–50 Minuten im Backofen goldbraun werden lassen.

Tipp: Schmeckt aufgewärmt in der Mikrowelle auch am nächsten Tag noch sehr gut.

Sonne kann nicht
ohne Schein,
Mensch nicht
ohne Liebe sein.

Johann Wolfgang von Goethe

Käsesoufflé

4	Eier
100 ml	Sahne
200 g	frisch geriebener Greyerzer
100 g	Butter
2	gestrichene EL Mehl
200 ml	Milch
	Pfeffer, Salz,
	(Muskatnuss, gemahlen)

Rezept für 4 Personen;
20 Minuten Arbeit
plus 30 Minuten Backzeit

1 Backofen auf 200 °C aufheizen.

2 Die Eier trennen und das Eiweiß steif schlagen. Die Sahne und das Eigelb mit einer Gabel gut miteinander aufschlagen. Eine Souffléform (ø 20cm, 10 cm hoch) sorgfältig ausbuttern und etwas vom geriebenen Käse auf den Boden der Form streuen.

3 In einem Topf die Butter zerlassen und das Mehl hinzufügen. Unter Rühren goldgelb werden lassen (nicht anbrennen lassen!), nach und nach die Milch dazugeben und 1–2 Minuten köcheln lassen. Den Topf vom Herd nehmen.

4 Langsam die Eigelb-Sahne-Mischung unterrühren, Pfeffer, Salz und nach Geschmack Muskatnuss hinzugeben und einige Sekunden aufkochen lassen.

5 Vom Herd nehmen und den geriebenen Käse gut unterrühren. Anschließend das steif geschlagene Eiweiß vorsichtig unterheben, bis eine homogene Masse entsteht. Die Soufflémasse bis etwa 2 cm unterhalb des Formrandes in die Auflaufform füllen und glatt streichen.

6 In den Ofen schieben, auf 180 °C herunterschalten und 30 Minuten backen, bis die Oberfläche schön braun geworden ist. Sofort servieren.

Hinweis: Das Soufflé darf unter keinen Umständen in Zugluft (z. B. beim Öffnen des Backofens) kommen, da es sonst zusammenfällt!

Mit grünem Blattsalat servieren.

Käsetarte

Den Backofen auf 190 °C vorheizen.

Eine Springform mit dem Blätterteig auslegen und
diesen mit einer Gabel mehrere Male einstechen.

Den Emmentaler in etwa 5 mm dünne Streifen
schneiden, den Blauschimmelkäse zerbröseln oder
kleinschneiden und den Bergkäse ebenfalls in kleine
Streifen schneiden. In dieser Reihenfolge den Blätterteig schichtweise belegen.

Die Eier mit der Sahne mithilfe einer Gabel oder dem
Handrührgerät verrühren, salzen und pfeffern und
eventuell Muskatnuss hinzugeben. Die Mischung über
den Käse verteilen. Die Tarte auf mittlerer Schiene
im Ofen etwa 30 Minuten backen.

Mit gemischtem Blattsalat servieren.

Tipp:
Wenn man die Käsetarte als Amuse-Gueule nehmen
möchte, lässt man sie etwas länger im Backofen und
schneidet sie nach dem Abkühlen in kleine Stücke.

250 g	Blätterteig (TK)
200 g	Emmentaler
150 g	Blauschimmelkäse
150 g	Bergkäse
2	Eier
200 g	Sahne
	Salz
	frisch gemahlener Pfeffer
	Muskatnuss, gemahlen

yummy

Mit den Flügeln
der Zeit
fliegt die
Traurigkeit davon!

Theodor Fontane

Risotto alla milanese

1	Markknochen
0,1 g	Safranfäden
1 kleine	Zwiebel
1 l	Brühe (Rind oder Geflügel)
60 g	Butter
350 g	Risottoreis
80 g	frisch geriebener Parmesan
	Salz, Pfeffer

Rezept für 4–6 Personen
30 Minuten Arbeit

1 Den Markknochen kurz in eiskaltes Wasser legen, dann das Mark herausdrücken, mit Küchenpapier trocken tupfen und klein würfeln. In einer Schale den Safran mit 2 EL kochendem Wasser übergießen. Die Zwiebel schälen und in sehr kleine Würfel schneiden.

2 Die Fleischbrühe erhitzen.

3 In einem Topf 40 g von der Butter mit den Knochenmarkwürfeln aufschäumen lassen. Die Zwiebel dazugeben und glasig braten.

4 Den Reis einstreuen und unter Rühren braten, bis er hell und durchsichtig ist, jedoch nicht anbräunen. Eine Tasse der heißen Brühe dazugießen und ständig weiterrühren.

5 Sobald die Flüssigkeit verdampft ist, erneut Brühe dazugießen und immer weiterrühren. Jeweils nur so viel Brühe nachgießen, dass der Reis gerade bedeckt ist.

6 Nach etwa 15 Minuten den aufgelösten Safran dazugeben. Danach noch etwa 7 Minuten weiter nach und nach Brühe zugießen.

7 Wenn die Reiskörner gar sind, aber noch Biss haben, den Parmesan und die restliche Butter unterrühren. Abschmecken mit Salz und Pfeffer.

8 Von der Kochplatte nehmen, den Deckel auflegen und noch 2 Minuten aufquellen lassen.

Beim Servieren noch etwas Parmesan bereitstellen.

Misserfolge sind oft
notwendige Umwege
zum Erfolg!

Schweizer Rösti

Rezept für
4 Personen
20 Minuten Arbeit

1 kg   festkochende
        Kartoffeln

        grobes Salz
        Pfeffer

3 EL   Öl
20 g   Butter

1 Die Kartoffeln waschen, schälen und auf der Gemüsereibe in Streifen reiben. Die Masse zu einem Fladen pressen und das austretende Wasser ausdrücken. Salzen und pfeffern.

2 Das Öl in einer großen Pfanne erhitzen (mittlere Stufe). Die Kartoffelmasse als einzelne Küchlein hineingeben und mit einem Löffel flach drücken. Die Rösti in etwa 4 Minuten goldbraun braten. Wenden und nochmals 1 EL Öl in die Pfanne geben, goldbraun braten.

3 Etwa 3 Minuten vor Ende der Bratzeit ringsum am Pfannenrand Butterflöckchen verteilen und unter Schwenken der Pfanne in die Rösti einziehen lassen.

Rösti möglichst heiß servieren.

Mit grünem Blattsalat oder mit Apfelmus servieren.

Tipp: Die rohen Kartoffeln sollen gleich als Rösti verarbeitet werden, da sie sich sonst unansehnlich braun verfärben. Die Kartoffelraspel kann man auch kombinieren mit geraspeltem Apfel oder Birne.

Semmelknödel

Das Knödelbrot in eine Schüssel geben und langsam mit der erhitzten Milch aufgießen. Die exakte Milchmenge hängt von der Trockenheit der Brötchen ab, deshalb zunächst eher zu wenig Milch nehmen.

Die Zwiebel schälen und in kleine Würfel schneiden, in der heißen Butter in einer Pfanne glasig schwitzen. Die Petersilie abspülen, trocken schütteln und fein hacken.

Die Brötchenmasse salzen und pfeffern, dann die Zwiebeln, Petersilie und die Eier dazugeben und mit den Händen gründlich mischen. Etwa 30 Minuten ziehen lassen.

In der Zwischenzeit Salzwasser in einem großen Topf zum Kochen bringen. Die Temperatur auf niedrigste Stufe herunterschalten. Aus der Brötchenmasse mit feuchten Händen Knödel in gewünschter Größe formen und diese sanft im Kochwasser ziehen lassen. Die Knödel sind gar, wenn sie aufgestiegen und etwa 5 Minuten an der Wasseroberfläche geschwommen sind.

350 g	Knödelbrot oder altbackene Brötchen
150 ml	Milch
1	mittelgroße Zwiebel
2 EL	Butter
einige	Stängel Petersilie Salz, Pfeffer
3	Eier

original

Man sollte auch an Wochentagen ein paar Augenblicke Sonntag sein lassen.

BLÄTTERTEIGKISSEN
mit Spargel auf Morchelrahm

250 g	Blätterteig (TK)
1	Eigelb
1 kg	Spargel, geputzt
1 TL	Salz
1 TL	Zucker

Rezept für 4 Personen
40 Minuten Arbeit

Für die Sauce:

50 g	getrocknete Morcheln
1	Schalotte
10 g	Butter zum Braten
50 ml	Vin jaune, z. B. Château Chalon (oder trockener Weißwein)
2 EL	Kalbsfond
250 g	Sahne
50 g	eiskalte Butter

1. Die Morcheln 20 Minuten in lauwarmem Wasser einweichen und unter fließendem Wasser sorgfältig waschen.

2. Den Blätterteig ausrollen, einmal falten und in Rechtecke von 7 x 4 cm schneiden. Die Oberfläche mit Eigelb bestreichen und mit dem Messer ein Gittermuster einritzen. Die Kissen bei 180 °C 15 Minuten backen.

3. Währenddessen den Spargel in kochendem Wasser mit etwas Salz, Zucker und Butter bissfest kochen, abgetropft warm halten.

4. In der Zwischenzeit die Schalotte in Butter anschwitzen, mit dem Wein ablöschen und mit Kalbsfond und Sahne aufgießen. Das Ganze auf zwei Drittel reduzieren, die Morcheln dazugeben und ca. 10 Minuten leise köcheln lassen. Vor dem Servieren die eiskalte Butter zum Binden einrühren und abschmecken.

5. Die Blätterteigkissen quer halbieren und die Böden auf Portionsteller legen. Den Spargel darüber verteilen, etwas Sauce darübergeben und mit dem Deckel schließen. Die restliche Sauce um die Blätterteigkissen verteilen.

Spargel
in Butter

Den Spargel mit dem Sparschäler schälen und die holzigen
Enden abschneiden, dann in kochendem Salzwasser mit
1/2 TL Zucker bissfest kochen, das heißt, sie biegen sich
leicht durch, wenn man sie mit einer Gabel anhebt.

Die Butter in einem kleinen Topf zerlassen.

Den Spargel abtropfen lassen und auf Teller geben, die
Butter darübergießen und mit Petersilie garnieren.

Variation mit Sauce hollandaise:
Den Essig, 1/2 TL Salz und 2 EL Wasser in einem Topf auf ein
Drittel der Menge einkochen. Auf niedriger Temperaturstufe
das Eigelb mit dem Schneebesen langsam und unter ständigem
Rühren zufügen, bis die Masse heiß ist, jedoch nicht kocht.
Das Eigelb darf nicht gerinnen. Stückchenweise die Butter un-
terschlagen, bis die Masse cremig und zart ist. Mit Salz, Pfeffer
und Zitronensaft abschmecken. Über den Spargel geben.

Mit Salzkartoffeln servieren.

40	Stangen weißer Spargel
2 TL	Salz (für das Wasser)
1 TL	Zucker
200 g	Butter
	Petersilie, fein gehackt

Variation mit Sauce hollandaise:

1 EL	Weißweinessig
	Salz
2	Eigelb
200 g	Butter
	Pfeffer
	Zitronensaft

noble

WIENER

Schnitzel

40 g	Mehl (besser: doppelgriffiges Mehl, Typ »Wiener Grießler«)
1	Ei
30 g	Sahne
100 g	Weißbrotbrösel
2	dünne Kalbschnitzel à ca. 120 g
	Salz
	frisch gemahlener Pfeffer
100 ml	Öl
1 EL	Butter
1/2	unbehandelte Zitrone

Rezept für 2 Personen
15 Minuten Arbeit

1 Drei Suppenteller vorbereiten:
In den ersten Teller das Mehl geben, im zweiten das Ei und die Sahne mit einer Gabel gut miteinander verrühren. Im dritten Teller die Brösel bereitstellen.

2 Die Schnitzel unter einem Stück Frischhaltefolie mit der Hand etwas platt klopfen, von beiden Seiten salzen und pfeffern und zuerst im Mehl wenden (überschüssiges Mehl abklopfen), danach in der Eier-Sahne-Mischung wenden. Im letzten Schritt die Schnitzel vorsichtig in den Weißbrotbröseln panieren.

3 Anschließend das Öl zusammen mit der Butter in einer Pfanne bei mittlerer Temperatur erhitzen und die Schnitzel im Fett schwimmend auf beiden Seiten goldbraun backen.

4 Die Schnitzel aus der Pfanne nehmen und auf etwas Küchenpapier abtropfen lassen.

Mit jeweils einer Zitronenspalte anrichten.

Mit Bratkartoffeln und grünem Salat servieren.

ZUCCHINI-ZIEGENKÄSE- Gratin

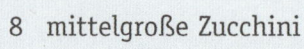

8	mittelgroße Zucchini
1 EL	Butter (oder Olivenöl)
4	Crottins de Chavignol oder
8	Scheiben Ziegenrolle
	(ca. 1 cm dick)
3	Eier
250 g	Crème fraîche
	Salz
1 TL	frisch gemahlener Pfeffer
	Blätterteig (TK)

Rezept für 8 Personen
20 Minuten Arbeit
plus ca. 40 Minuten Backzeit

1   Den Backofen auf 180 °C vorheizen.

2   Die Zucchini schälen und in grobe Würfel schneiden.
    In einer Pfanne die Butter oder etwas Olivenöl erhitzen
    und die Zucchini darin leicht anbräunen. Den Crottin de
    Chavignol waagerecht halbieren.

3   Eier, Crème fraîche, Salz und Pfeffer verquirlen. Den Blätter-
    teig auf Backpapier auf ein passendes Backblech geben oder
    in eine Auflaufform. Die Ränder hochziehen.

4   Die warmen Zucchini und den Ziegenkäse gleichmäßig auf
    dem Teig verteilen und die Eier-Crème-fraîche-Masse darü-
    bergeben.

5   Das Blech oder die Form in den Ofen geben und etwa
    40 Minuten backen, bis die Oberfläche schön goldbraun ist.

Mit grünem Salat servieren.

Tipp: Die Crottins de Chavignol sollten reif sein. Je reifer,
umso würziger wird der Auflauf (nur noch wenig salzen!).

BROKKOLIKUCHEN

2 Brokkoli (etwa 800 g)
75 g geräucherter Brustspeck
25 g Butter
250 g Blätterteig (TK)
200 ml Sahne
3 Eier
Salz, Pfeffer
(Muskatnuss)
100 g frisch geriebener Greyerzer
50 g frisch geriebener Parmesan

*Rezept für 6 Personen
15 Minuten Arbeit
plus ca. 45 Minuten Backzeit*

1 Den Backofen auf 200 °C vorheizen.

2 Den Brokkoli in Röschen teilen, putzen und in sprudelnd kochendem Salzwasser 3–5 Minuten blanchieren, sodass sie noch Biss haben. Unter kaltem Wasser abschrecken.

3 Den Speck in kleine Würfel schneiden und in einer Pfanne in Butter anbräunen lassen. Eine Springform von 26 cm Durchmesser mit dem Blätterteig ausschlagen und einige Male mit einer Gabel hineinstechen.

4 Die Sahne mit den Eiern verquirlen (nicht schlagen, bei Schaumbildung steigt die Eiermasse sonst später in die Höhe), salzen, pfeffern und nach Geschmack mit etwas geriebener Muskatnuss würzen.

5 Die Brokkoliröschen mit dem Kopf nach oben dicht nebeneinander in die Form setzen. Die Speckwürfel darüber verteilen und die Eiersahne dazugießen. Das Ganze mit einer Mischung aus Greyerzer und Parmesan bestreuen und in den Backofen geben. Insgesamt 35–45 Minuten backen.

6 Gleich nach dem Herausnehmen den Kuchen auf einen Rost setzen, damit er ausdampfen kann und unten nicht glitschig wird, oder sofort servieren.

Tipp: Versuchen Sie das gleiche Rezept mit Lauch oder Rosenkohl!

Sorgen klopfen manchmal an die Tür, aber sie verschwinden wieder, wenn sie von drinnen ein Lachen hören.

Nach

REZEPTE, WENN DIE
WELT MAL WIEDER
UNGERECHT WAR ...

speisen

menu

EXOTISCHES FRÜCHTERAGOUT

mit weißer Mousse au Chocolat

2	Maracujas
2	kleine Orangen
1/2	Ananas
50 g	Zucker
300 ml	Orangensaft (ohne Fruchtfleisch)
1 TL	Speisestärke
	Puderzucker

Rezept für 4 Personen
20 Minuten Arbeit
plus ca. 2 Stunden
Ruhezeit

Für die weiße Mousse au Chocolat:

1 1/2	Blatt Gelatine
2 cl	Grand Marnier
300 g	Schlagsahne
175 g	hochwertige weiße Schokolade
1	Ei
1	Eigelb

15 Minuten Arbeit
plus ca. 2 Stunden
Kühlzeit

1. Maracujas halbieren und das Fruchtfleisch mit einem Löffel herauskratzen. Die Orangen und Ananas schälen und würfeln.

2. Den Zucker in einem Topf karamellisieren lassen und mit Orangensaft ablöschen. Die Flüssigkeit mit der Speisestärke binden, vom Herd nehmen und die Früchte hineingeben.

3. Das Ragout mindestens 2 Stunden ziehen lassen.

4. Zum Servieren auf einen großen flachen Teller etwas Puderzucker sieben, die Früchte darübergeben.

Weiße Mousse au Chocolat

1. Die Gelatine auf einem Teller in den Grand Marnier legen. Die Sahne steif schlagen.

2. Die Schokolade im Wasserbad schmelzen. Das Ei mit dem Eigelb verrühren, die aufgeweichte Gelatine ausdrücken. Anschließend die Schokolade, die Eier und die Gelatine vermengen. Vorsichtig die Sahne unterheben. Für etwa 1 Stunde im Kühlschrank kalt stellen.

Mit zwei Esslöffeln Nocken abstechen und zum Früchteragout auf die Teller geben.

Rezept für 6 Personen
15 Minuten Arbeit
plus 45 Minuten Backzeit

Französische Apfeltarte

Den Backofen auf 200 °C vorheizen.

Die Äpfel schälen, das Kerngehäuse entfernen und in dünne Scheiben schneiden.

Eine Tarteform (Ø 30 cm) mit dem Blätterteig auslegen. Den Teig mehrmals mit einer Gabel einstechen und mit einem Backpinsel die Hälfte der Aprikosenkonfitüre darauf verstreichen.

Die Apfelscheiben von außen nach innen leicht überlappend auf dem Blätterteig verteilen und mit der restlichen Konfitüre vorsichtig bestreichen.

Den Zucker gleichmäßig darüberstreuen und mit dem Zimt bestauben.

Die Butter in Flöckchen darübergeben.

Die Tarte bei 200 °C etwa 45 Minuten backen.

Tipp: Die Tarte in den Backofen geben, sobald die Gäste da sind, fertig backen und dann bei 50 °C warm halten.

3–4	Äpfel (Boskop oder Golden Delicious)
250 g	Blätterteig (TK)
150 g	Aprikosenkonfitüre
3 TL	Zucker
1 TL	Zimt
25 g	Butter

perfect

Nichts bringt uns auf unserem Weg besser voran als eine Pause.

Elizabeth Barrett Browning

Fruchtcocktail
in Honigmelone

2	Honigmelonen
125 ml	Portwein
4	Kiwis
150 g	Erdbeeren
4 EL	Cointreau
200 ml	Sahne
1 EL	Vanillezucker

Rezept für 4 Personen
15 Minuten Arbeit
plus 1 Stunde Kühlzeit

1 Die Melonen quer halbieren und kronenartig rundherum mit einem scharfen Messer einschneiden. Das weiche Fruchtfleisch mit einem Esslöffel entfernen und mit einem Kugelausstecher das feste Fruchtfleisch herausnehmen, beiseitelegen, dabei einen inneren Melonenrand von etwa 1 cm stehen lassen.

2 Die Melonenkugeln in eine Schüssel geben, mit Portwein begießen und zugedeckt 1 Stunde im Kühlschrank ziehen lassen.

3 Die Kiwis schälen und in Würfel schneiden, mit den geputzten Erdbeeren und dem Cointreau mischen und zu den Melonenkugeln geben.

4 Kurz vor dem Servieren die Sahne schlagen, dabei nach und nach den Vanillezucker einrieseln lassen.

5 Den nicht vom Fruchtfleisch aufgenommenen Portwein weggießen und die Melonenhälften mit den Früchten füllen, etwas Sahne daraufgeben.

Himbeer-Tiramisu

300 g Himbeeren (TK)
600 g Crème fraîche
100 g brauner Zucker

Rezept für 2 Personen
10 Minuten Arbeit
plus ca. 3 Stunden Kühlzeit

1 Die gefrorenen Himbeeren flächig in eine Auflaufform geben und die Früchte mit einer Schicht Crème fraîche bestreichen. Die Crème fraîche gleichmäßig mit braunem Zucker bestreuen, bis kein Weiß mehr zu sehen ist.

2 Für mehrere Stunden in den Kühlschrank geben.

Tipp: Ein Schnapsglas Himbeergeist über die Himbeeren verteilen oder zum Dessert reichen.

Wer heiter ist, hat
nicht weniger Probleme,
aber mehr Spaß daran.

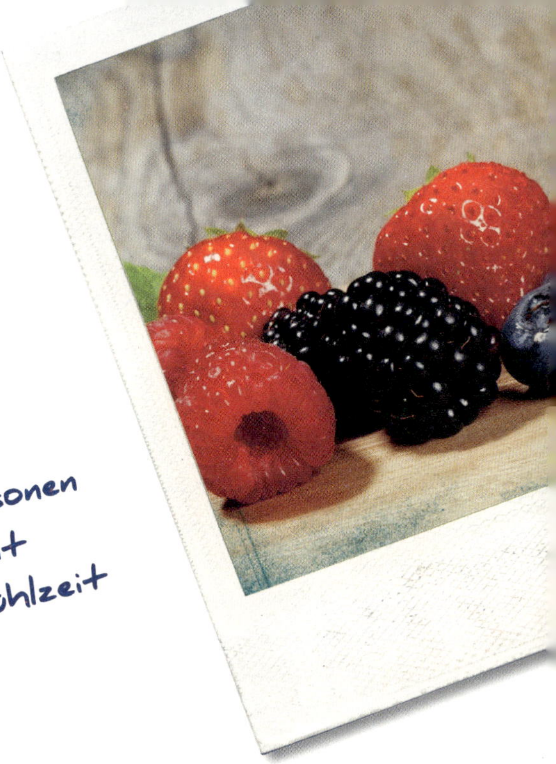

Mandel-Mascarpone mit Waldbeeren

Den Mascarpone und den Joghurt mit dem Handrührgerät cremig rühren und dabei den Vanillezucker einrieseln lassen.

Die Amaretti oder Amarettini in die Creme geben und über Nacht in den Kühlschrank stellen.

Am nächsten Tag die tiefgefrorene Waldbeerenmischung auftauen, abtropfen lassen (frische Beeren gründlich abspülen und trocken tupfen) und in einem Topf langsam erhitzen. Die Mandel-Mascarpone-Creme vor dem Servieren umrühren, damit sich die Kekse ganz auflösen.

Auf die Teller etwas Puderzucker sieben, die Creme in die Mitte geben und die Früchte darauf verteilen. Einige Amarettini zum Garnieren dazugeben.

250 g	Mascarpone
250 g	Vanillejoghurt
1 Pckg.	Bourbon-Vanillezucker
6 große	Amaretti bzw.
12 kleine	Amarettini
	(ital. Mandelkekse)
300 g	Waldbeerenmischung
	(frisch oder TK)
	Amarettini
	zum Garnieren

sweet

Panna cotta mit Beeren

2	Blatt weiße Gelatine
500 g	Sahne
50 g	Zucker
1	Vanilleschote
	Erdbeeren oder
	Himbeeren
	Puderzucker
	Minzeblätter
	zum Garnieren

Rezept für 6 Personen
30 Minuten Arbeit

1 Die Gelatine in kaltem Wasser einweichen.

2 Die Vanilleschote längs aufschlitzen und das Mark herausschaben. Die Sahne mit dem Mark, der Vanilleschote und dem Zucker in einen Topf geben und langsam erhitzen. Etwa 15 Minuten leicht köcheln lassen. Vom Herd nehmen und die Vanilleschote entfernen.

3 Die eingeweichte Gelatine aus dem Wasser nehmen, gut ausdrücken und unter Rühren in der heißen Sahne auflösen. Die Sahne in kleine, kalt ausgespülte Dessertförmchen geben und im Kühlschrank in etwa 3–4 Stunden fest werden lassen.

4 Die kalte Sahnecreme mit einem Messer vorsichtig aus den Förmchen lösen und auf Dessertteller stürzen.

5 Die Erdbeeren oder Himbeeren auf den Tellern verteilen und mit Puderzucker bestauben. Minzeblätter abspülen, trocken schütteln und zu den Beeren legen.

Rumorangen

8 Orangen
2 EL Rum
1 TL brauner Zucker
1 TL Vanillezucker
(Saft von 1 Orange)

Rezept für 4 Personen
10 Minuten Arbeit
plus einige Stunden Marinierzeit

1 Die Orangen schälen, die weiße Haut sorgfältig entfernen, die Orangen in Spalten schneiden und in eine Schüssel geben.

2 Den Rum mit dem Zucker und dem Vanillezucker verrühren und über die Orangen geben.

3 Die Rumorangen für einige Stunden in den Kühlschrank stellen.

4 Wenn die Orangen nicht genügend Saft abgeben, eine weitere Orange auspressen und den Saft dazugeben.

Parfait
in 2 Variationen
mit Schokoladenfrüchten

Das Eigelb zusammen mit dem Zucker mit dem Handrührer schlagen, bis eine helle schaumige Masse entsteht. Die Sahne steif schlagen und vorsichtig unter die Eigelb-Zucker-Masse heben.

Die Masse für 3 Stunden ins Gefrierfach stellen. Mit einem Esslöffel Nocken oder Kugeln ausstechen und auf Teller verteilen. Mit etwas Puderzucker bestauben.

Variationen:
Zum Grundrezept eine Prise Zimt geben.
Zum Grundrezept etwas Pernod geben.

Für die Schokoladenfrüchte:
Die Erdbeeren abspülen und mit Küchenpapier sorgfältig trocken tupfen. Die Mandarinen schälen und die weiße Fruchthaut entfernen, dann in Spalten teilen.

Die Schokolade klein hacken und im Wasserbad schmelzen, dann das Öl unterrühren. Den Topf vom Herd nehmen.

Die Früchte mit einer Gebäckzange fassen und zur Hälfte in die Schokolade tauchen, überschüssige Schokolade am Rand abstreifen und auf Backpapier im Kühlschrank trocknen lassen. Etwa 15 Minuten vor dem Servieren herausnehmen und zum Parfait reichen.

3	Eigelb
50 g	Zucker
250 ml	Sahne
	Puderzucker

Für die Schokoladenfrüchte:

1	Schale Erdbeeren
2	Mandarinen
150 g	Zartbitter-schokolade oder Kuvertüre
1 TL	Öl

divine

Glück kommt von Innen —
man sollte es täglich
mit Schokolade füttern.

Schokoladen-kuchen

Den Backofen auf 220 °C vorheizen.

Die Eier trennen. Das Eiweiß mit dem Rührgerät zu einem festen Schnee schlagen.

In einem Topf die Butter und die Schokolade vorsichtig schmelzen. Das Eigelb mit dem Zucker schaumig schlagen, dann die Schokoladenmischung, das Mehl und die Mandeln einrühren. Den Eischnee vorsichtig unterheben. In eine gefettete Backform geben.

Im Backofen etwa 25 Minuten backen. Das Innere des Kuchens ist dann noch leicht flüssig.

Den Kuchen auf ein Kuchenplatte geben und Kakaopulver oder Puderzucker darübersieben. Nach Belieben ein Muster aus Papier schneiden und auf den Kuchen legen, dann bestauben.

Tipp: Perfektes Dessert, da man den Kuchen am Tag davor zubereiten kann!

4	Eier
150 g	Butter
200 g	Zartbitterschokolade
150 g	Zucker
40 g	Mehl
100 g	gemahlene Mandeln
	(Puderzucker
	oder Kakaopulver)

exciting

REGISTER

BILD-NACHWEIS

Umschlag: Fotolia (www.fotolia.com): blinkblink; sarsmis ultramarin

Innenteil:

Fotolia (www.fotolia.com): Fotorahmen durchlaufend (tuja66), Herz mit Mustern durchlaufend (ultramarin und artikularis), Vor- und Nachsatz, 5, 6, 7, 8/9, 10, 22/23, 31, 36, 39, 40, 44, 50, 58, 61, 64, 74, 78/79, 116, 120, 126, 130, 143, 150/151, 158, 160, 166, 169, 170 (ultramarin), 4, 5, 36, 40, 44, 50, 58, 74, 116, 120, 126, 130, 158, 160, 166, 170 (arturaliev), 5, 23, 79, 151 (blinkblink), 153 (graletta)

Shutterstock (www.shutterstock.com): 3, 4, 5, 6, 7, 9, 10, 11, 12, 13, 14, 15, 16, 18, 20, 30, 38, 60, 77, 90, 91, 97, 102, 118, 119, 135, 140, 163, 168 (LiliGraphie), 4, 5, 88 (Gitanna), 4, 173 (GarryKillian), 4, 5 (Gitanna), 4 (Igor Stepovik), 4 (Tamara Kulikova), 5, 11, 13, 20, 21, 28, 29, 30, 32, 33, 35, 52, 53, 56, 68, 69, 72, 73, 80, 84, 88, 92, 93, 98, 107, 108, 109, 112, 113, 136, 137, 140, 141, 144, 145, 146, 147, 152, 153 (rangizzz), 6 (David Kay), 6, 7, 11 (Goran Bogicevic), 7, 87 (Mauro Pezzotta), 7 (mythia), 9, 101 (`aya73aya`), 11 (Kasia Bialasiewicz), 11, 142 (Rido), 13, 75, 84, 108, 116 (HLPhoto), 13, 175 (Nella), 13 (Sea Wave), 15 (keko64), 15 (urbanlight), 16, 30, 95, 105 (Christophe BOISSON), 17 (Deyan Georgiev), 17, 68 (Marysckin), 18, 69 (Lesya Dolyuk), 20 (El-nur), 20 (MSPhotographic), 20 (theeraphol), 21 (Ekaterina Lin), 24, 52 (CGissemann), 25 (Nataliia Pyzhova), 26 (Minerva Studio), 27 (Dream79), 28 (Letterberry), 29, 33, 42 (Gayvoronskaya_Yana), 30 (Lisa Turay), 31 (Cora Mueller), 32 (Zigzag Mountain Art), 35, 48, 56, 63 (margouillat photo), 36 (Simone van den Berg), 38, 134/135 (Lisla), 38 (Lisovskaya Natalia), 41 (Giordano Aita), 43 (Rashevska Nataliia), 44 (Brzostowska), 47, 60 (Efired), 47 (Tamara Kulikova), 49 (witty food), 51 (Africa Studio), 51 (Yulia Davidovic), 53 (Jiri Hera), 53 (Tatuasha), 54 (Albina Tiplyashina), 55 (Arie v.d. Wolde), 57 (Kesu), 58 (Ingrid Balabanova), 61, 142/143, 157 (iulias), 62 (Tobias Arhel-ger), 64 (eskymaks), 66 (crystalfoto), 67 (Giordano Aita), 71 (FWStudio), 72 (TwilightArtPictures), 73 (Jayme Burrows), 77 (Iakov Kalinin), 82 (PHB.cz (Richard Semik)), 83, 119 (picturepartners), 84 (Tom Wang), 85 (BMJ), 86 (A.L.), 89 (tlorna), 90, 149 (dotshock), 92 (tiverylucky), 93 (mag-nola), 94 (Uros Zunic), 96 (LeksusTuss), 98 (mdlart), 98 (SMarina), 99 (Monkey Business Images), 100 (mama_mia), 102, 148 (mubus7), 104, 109 (AnjelikaGr), 106 (Gordon Bell), 110 (Christian Jung), 111 (Aleksey Stemmer), 112 (aliasemma), 113 (Valentyn Volkov), 114 (Vladyslav Danilin), 115 (Evgeny Karandaev), 118 (art_of_sun), 119, 145 (Mirabelle Pictures), 119, 177 (Valera197615), 121 (violeta pasat), 123 (jlip), 124, 125 (Genotar), 129 (Galyna Andrushko), 129 (kostins), 132 (Bernd Juergens), 133 (cofkocof), 136 (Floydine), 137 (Shebeko), 138 (Terric Delayn), 139 (Rene Hartmann), 140 (B. and E. Dudzinscy), 141 (Peredniankina), 143 (svry), 144 (Salvatore Chiariello), 146 (das-foto), 147 (Jessmine), 149 (theeraphol), 150, 176 (janecocoa), 152 (Teresa Azevedo), 154 (LianeM), 155 (Olyina), 156 (Color Symphony), 158 (Viktar Malyshchyts), 160 (sarsmis), 162 (solominviktor), 164 (Rob Stark), 165 (tairen), 168 (Gregory Gerber), 169 (vvvita), 170 (Nattika), 172 (verca).

Ebenfalls erhältlich ...

ISBN 978-3-86244-071-9

ISBN 978-3-86244-266-9

ISBN 978-3-86244-254-6

ISBN 978-3-86244-503-5

CHRISTIAN

www.christian-verlag.de

Kochen mit den Jahreszeiten